Hermeneutik zur Einführung

Matthias Jung

Hermeneutik zur Einführung

JUNIUS

Junius Verlag GmbH
Stresemannstraße 375
22761 Hamburg
Im Internet: www.junius-verlag.de

Umschlaggestaltung: Florian Zietz
Satz: Junius Verlag GmbH
Printed in the EU 2024
ISBN 978-3-88506-065-9
6., ergänzte Auflage 2024

Bibliografische Information der Deutschen Nationalbibliothek
Die Deutsche Nationalbibliothek verzeichnet diese Publikation in der Deutschen Nationalbibliografie; detaillierte bibliografische Daten sind im Internet über http://dnb.dnb.de abrufbar.

Inhalt

Anhang

Vorwort

> »Wahrheiten sind nur eine Klasse von Bedeutungen, nämlich diejenigen, in denen ein Anspruch auf Verifizierbarkeit durch Konsequenzen ein immanenter Teil ihrer Bedeutung ist. Jenseits dieser Insel von Bedeutungen, die ihrer eigenen Natur nach wahr oder falsch sind, liegt der Ozean der Bedeutungen, für die Wahrheit und Falschheit irrelevant sind. Wir fragen nicht, ob die griechische Zivilisation wahr oder falsch war, sondern wir sind immens daran interessiert, ihre Bedeutung zu durchdringen.«[1]
>
> John Dewey

Zehn Jahre nach der Erstveröffentlichung erscheint diese kleine Einführung in die Theorie des Verstehens von Bedeutungen, die Hermeneutik, nun in vierter Auflage. Damals stand Hermeneutik nicht selten in dem Ruf, eine traditionelle, schon etwas verstaubte Methode zu verkörpern, mit der sich Geisteswissenschaftler trennscharf von Naturwissenschaftlern abgrenzen wollen. Doch die Lage hat sich verändert: Die analytische Sprachphilosophie erweitert sich in Richtung einer allgemeinen Theorie des Verstehens sinnhafter Handlungen und Äußerungen; die Frage nach dem Verhältnis zwischen unserem lebensweltlichen und den wissenschaftlichen Wirklichkeitszugängen stellt sich, nicht zuletzt durch die Renaissance pragmatistischen Denkens, mit neuer Schärfe; die Wende zu einem »verkörperten« Verständnis kognitiver

Prozesse in den Kognitionswissenschaften verschafft Autoren wie Dilthey und Heidegger überraschende Aktualität. Es steht zu hoffen, dass sich im Zuge dieser Entwicklungen der Bezug auf sachliche Probleme immer stärker gegen Schulbildungen und überholte Gegensätze durchsetzt. Besonders wichtig erscheint mir dabei, begriffliche Präzision und Offenheit für die Vielfalt menschlicher Erfahrung nicht gegeneinander auszuspielen.

Die Neuauflage ist mit Blick auf die angedeuteten Entwicklungen überarbeitet worden. Dabei wurde auch ein neuer Abschnitt eingefügt, der sich mit jüngeren Arbeiten beschäftigt, in denen systematisch hochinteressante Bezüge zwischen analytischer Geistphilosophie und hermeneutischen Denktraditionen sichtbar gemacht werden. Die Zukunft der Hermeneutik wird – diese Prognose erlaube ich mir – auch davon abhängen, dass diese wichtigen Tendenzen in ein produktives Gespräch mit der phänomenologischen, an *Embodiment* interessierten Kognitionswissenschaft treten. Nur so kann nämlich die Universalisierung des Verstehensbegriffs, die das hermeneutische Denken von Dilthey über Heidegger bis Charles Taylor charakterisiert, mit der naturwissenschaftlichen Erforschung menschlicher Kognition produktiv in Beziehung gesetzt und damit vor geisteswissenschaftlichem Isolationismus geschützt werden.

1. Einführung: Perspektiven des Verstehens

Hermeneutik ist die Lehre vom Verstehen. Wer aber das Verstehen verstehen will, tut gut daran, die Vielfalt der Phänomene zu beachten, bei denen es etwas zu verstehen gibt. Ob man Kants *Kritik der reinen Vernunft* oder die Funktionsweise eines Staubsaugers, ob man einen anderen Menschen, ein literarisches Werk, eine fremde Sprache oder die *Kunst der Fuge* versteht, macht schon einen gewaltigen Unterschied. Was verstanden wird und wie verstanden wird, hängt wechselseitig voneinander ab. Ebenso sehr hängt es auch vom Anlass des Verstehens ab, ob dieses als schwierig oder selbstverständlich empfunden wird. Das Spektrum reicht hier vom schnellen automatischen Verstehen von Sätzen (dem sogenannten Parsen), das in seiner Selbstverständlichkeit in der Regel unbewusst bleibt, bis zu hochkomplexen, vielleicht sogar spekulativen Deutungen. Die Redewendung »Das versteht sich doch (von selbst)« zeigt dabei an, dass die intersubjektive Aktivität des Verstehens in vielen Fällen unproblematisch auf geteilte Hintergrundvoraussetzungen, auf gültige soziale Regeln und Verhaltenserwartungen zurückgreifen kann. Dann versteht sich das Verstehen von selbst, und es fällt gar nicht weiter auf, dass es etwas zu verstehen gab.

Wo diese eingespielten Horizonte aber fehlen, wird schlagartig sichtbar, wie dicht normalerweise das Netz aus sozialen Selbstverständlichkeiten gewoben ist. Dass sich Verstehen häufig unauffällig abspielt, heißt eben keineswegs, dass es nichts zu verstehen gibt. Drastisch wird darauf beispielsweise ein Geschäftsreisender gestoßen, der sich zwar auf seine Geschäfte versteht, nicht aber auf die kulturellen Traditionen des Landes, in dem er sich gerade aufhält. Alltägliche Begrüßungssituationen sind dann auf einmal höchst blamageträchtig, und Missverständnisse lauern an jeder Straßenecke. Wer geschäftlich nach Indien oder Japan reist, kann deshalb auf entsprechende Ratgeber zurückgreifen, die das unverständliche soziale Sinngewebe für den Geschäftsgebrauch hinreichend enträtseln sollen; solche Ratgeber sind Hermeneutiken der (für »Westler«) exotischeren Teilnehmer des Weltmarktes.

Diesen Beispielen lässt sich zweierlei entnehmen: Verstehen ist ein universales Phänomen, ein humaner Grundvollzug, dessen unauffälliges Wirken den Zusammenhalt menschlicher Individuen erst ermöglicht, von der Paarbeziehung bis zur Begegnung der Kulturen. Menschen sind verstehende Tiere, auf Gedeih und Verderb darauf angewiesen, sich die Bedeutungen zu entschlüsseln, in denen für sie die Welt da ist. Verstehen ist aber alles andere als selbstverständlich und zwar wiederum in seiner ganzen Bandbreite, von der Verstrickung zweier Menschen (»Du verstehst mich nicht«) bis zu dem »Kampf der Kulturen«, den Samuel Huntington beschwört.[2] Dabei beschränkt sich die Gefahr des Missverstehens keineswegs auf tiefe kulturelle Differenzen, wie jeder bestätigen kann, der schon einmal versucht hat, einen Radiowecker anhand einer schlecht übersetzten Bedienungsanleitung zu programmieren. Verstehensleistungen sind zumindest immer dann nötig, wenn es um von Menschen geschaffene Strukturen, Gegenstände, Symbole – also um die Deutung einer menschlichen Welt – geht, und sie können prinzipiell misslingen. Dass Verstehen überall am Werk ist, versteht sich von selbst, dass Verstehen auch *gelingt*, keineswegs. Und nur in wenigen Fällen ist es offensichtlich, ob es sich um gelungenes Verständnis handelt. Wer beispielsweise einer Aufforderung folgt, der hat diese verstanden.

Hier gibt es ein klares und einfaches Kriterium. Aber wann hat jemand ein Gedicht verstanden? Oder seinen Lebenspartner oder die japanische Kultur? Klare Kriterien erscheinen hier geradezu als sachwidrig, und das Verstehen zeigt sich als ein komplexer Vorgang, der Grade sowie Modalitäten kennt und niemals zu einer definitiven Übereinkunft führen wird. Dennoch gibt es auch hier einen deutlichen Unterschied zwischen Verstehen und Missverstehen, und es ist genau diese Differenz, durch die sich Verstehen prinzipiell von beliebigem Gerede unterscheidet.

Die Universalität des Verstehens und seine Nicht-Selbstverständlichkeit sind die beiden herausragenden Merkmale, die sich als Ausgangspunkte der Theoriebildung anbieten und zur Gliederung hermeneutischer Positionen verwenden lassen. Historisch betrachtet waren beide Aspekte wichtig: einerseits die soziale Aufgabe, ein nicht mehr selbstverständliches gemeinsames Verstehen wieder sicherzustellen, andererseits die Ausarbeitung universeller Verstehensprinzipien, wie sie von der frühneuzeitlichen Explosion philologischen und historischen Wissens angestoßen wurde. Die Nicht-Selbstverständlichkeit des Verstehens als Ausgangspunkt der Theoriebildung hat ihren Sitz im Leben in der Reformationszeit. Missverständnisse und divergierende Interpretationen sind nämlich immer dann prekär, wenn es sich um Sachverhalte handelt, die eine besondere soziale und existentielle Bedeutung haben. Die Rolle der Bibel als alleinige Gründungsurkunde einer persönlichen und sozialen Lebensform war es aber, die damals zur Debatte stand. Gegen die katholische Lehre, die die Schrift als deutungsbedürftig ansah, und die kirchliche Tradition als das Organ dieser Deutung sollte von protestantischer Seite erwiesen werden, dass und wie die Bibel sich aus sich selbst versteht. Allein die Hermeneutik des heiligen Textes hatte die Einmütigkeit der Gläubigen zu verbürgen; Missverständnisse sollten durch geschickte Exegese, durch Heranziehung geeigneter

Parallelstellen, durch Beachtung des Kontextes usw. ausgeschaltet werden. Hermeneutik wurde dementsprechend als eine Kunstlehre betrachtet, als Technik zum Extrahieren eines einheitlichen Schriftsinns, die abweichende Deutungen minimiert oder zumindest zu erklären erlaubt. Auf diese Frühgeschichte des hermeneutischen Denkens wird noch genauer einzugehen sein.

Parallel zu der Suche nach dem rechten Verständnis der biblischen Texte – dem Projekt einer »hermeneutica sacra« – und teilweise ganz unabhängig von ihr entwickelte sich aber schon im frühen 17. Jahrhundert die Idee einer »hermeneutica generalis« als allgemeiner Lehre vom Verstehen und Interpretieren. Den Ausgangspunkt bildete hier eine vertiefte Aneignung des sogenannten *Organon*, der – im weiteren Sinn – logischen Schriften des Aristoteles. Sprachphilosophische und erkenntnistheoretische Erwägungen standen für diese Tradition im Zentrum, Hermeneutik galt ganz selbstverständlich als Teil der Logik.[3] In der modernen, von Dilthey dominierten Historiographie der Hermeneutik ist dieser zweite Hauptstrom der Theoriebildung lange Zeit kaum berücksichtigt worden. Die Frühgeschichte der Hermeneutik wurde einseitig im Licht der »hermeneutica sacra« gesehen, die sich wegen ihrer religiösen Motivation ganz auf die Arbeit am heiligen Text konzentrierte, auf das rechte Lesen der Schrift.

Dieses Erbe der Tradition, die Fokussierung der Verstehenstheorie auf ehrfürchtig bewahrte außerordentliche Texte, hat mit dazu beigetragen, dass die ganze Breite von Verstehensprozessen erst spät betrachtet wurde und Hermeneutik häufig noch heute mit dem philologischen Auslegen großer Werke gleichgesetzt wird. Ich werde in dieser Einführung für ein weiteres Verständnis hermeneutischen Denkens plädieren und zeigen, dass die Arbeit an Texten nur einen Teilbereich des Verstehens ausmacht. Die Mannigfaltigkeit und Universalität des Verstehens, vor allem aber seine Kreativität, kommen erst in den Blick, wenn es konsequent als Titel für eine spezifisch menschliche Weise der Realitätsaneignung gebraucht wird. In diesem Sinn lassen sich die Werke der beiden großen Klassiker der modernen Hermeneutik deuten: Wilhelm Dilthey (1833-1911) und Martin Heidegger (1889-1976). Die Methodenlehren des Textverstehens wurden von diesen beiden Autoren zu Theorien ausgebaut, die den Vollzug des Verstehens als das charakteristisch Menschliche betrachten. Diltheys Theorie des Verstehens unterläuft seine theologielastige Darstellung der Geschichte der Hermeneutik.

Mit dem Projekt einer allgemeinen Theorie des Verstehens wird dann auch eine Frage unabweisbar, die dieses ganze Buch durchziehen wird: In welchem Verhältnis steht das, was wir »Verstehen« nennen und im Alltag ständig praktizieren, zu demjenigen Weltzugang, den die Naturwissenschaften erschließen? Wenn Gegenstand der Hermeneutik stets die menschliche – und insofern verstehbare – Wirklichkeit ist, wie verhält sie sich dann zu dem »Blick von Nirgendwo«[4], dem beispielsweise die Theoriebildung der modernen Physik zuzustreben scheint? Menschen können nur deshalb etwas verstehen, weil sie es auf ihre Interessen, auf kulturelle Praktiken, kurz: auf sozial erzeugten *Sinn* beziehen. Hermeneutik ist daher Ausdruck einer humanen Binnenperspektive, einer speziesspezifischen Weise, die Welt zu sehen. Gilt das aber auch von den Naturwissenschaften mit ihrem Blick von außen? Hier taucht dann häufig der im 19. Jahrhundert in die Welt gesetzte, wenig fruchtbare Gegensatz von Erklären und Verstehen auf. Mit den klassischen Worten Diltheys: »Die Natur erklären wir, das Seelenleben verstehen wir.«[5] Ob diese Unterscheidung haltbar ist und wie weit sie gegebenenfalls reicht – das sind Fragen, denen sich die Hermeneutik zu stellen hat.

Hier kommt nun eine wichtige Weichenstellung ins Spiel, die für die jüngste Geschichte der Hermeneutik und ihr zukünftiges Schicksal als geisteswissenschaftliche Methode eine entscheidende Rolle spielt. *Eine* mögliche Strategie besteht darin, Hermeneutik zu universalisieren, d.h. zu einer Theorie des lebensweltlichen Realitätszugangs auszubauen. »Verstehen« bezieht sich dann nicht bloß auf andere Menschen (oder erweitert: Lebewesen) und kulturelle Artefakte, sondern auf alles Wirkliche. Diese, z.B. von Heidegger gewählte Vorgehensweise muss dann aber gleichzeitig plausibel machen können, wie sie damit umgeht, dass Naturprozesse nur dadurch in eine Sinnperspektive einrücken können, dass Menschen mit der nichtmenschlichen Natur interagieren. Die universalisierte Hermeneutik, so wirft ihr z.B. Wolfgang Detel vor, verwechsle Perspektivität (d.h. die Tatsache, dass unser Blick auf die Realität immer humane Begriffsschemata und Anschauungsformen voraussetzt) mit der Verstehbarkeit geistiger Gebilde.[6] Eine *andere* Strategie beschränkt die Reichweite des hermeneutischen Zugriffs auf mentale Zustände und ihre symbolischen Objektivationen. Hermeneutik wird dann als grundlegende wissenschaftliche Methode für *einen* zentralen Bereich der Wirklichkeit, den menschlichen Geist, betrachtet und in einen engen Zusammenhang mit neueren Entwicklungen in der (post-)analytischen Philosophie des Geistes gebracht. So spricht z.B. Georg Bertram von einer »hermeneutischen Wende der analytischen Sprachphilosophie«[7], die er mit den Namen Davidson, McDowell und Brandom verbindet. Auf der einen Seite erscheint Verstehen also, ähnlich wie im Pragmatismus John Deweys, als *der* menschliche Wirklichkeitszugang, aus dem sich dann Natur- und Geisteswissenschaften herausdifferenzieren, auf der anderen Seite werden Natur und Erklären korreliert und Verstehen auf den Geist beschränkt. Die Zukunft des hermeneutischen Denkens wird sicher in hohem Maß davon abhängen, ob es hier zu einer weiteren Polarisierung oder eher zu neuen Integrationsversuchen kommt. Zweifellos unterscheidet sich die geistphilosophisch-analytisch orientierte Hermeneutik von den Traditionen des hermeneutischen Universalismus durch eine größere Klarheit und Präzision. Dies ist aber nur dann ein Vorteil, wenn es nicht mit einem dualistischen Geistbegriff und mit der Einengung des Sinnverstehens auf »mentale Zustände« und ihre Objektivationen erkauft wird.

Gleich zu Beginn habe ich darauf hingewiesen, dass es mannigfache Spielarten des Verstehens gibt, die sich erheblich voneinander unterscheiden können. Es lassen sich daher keine guten Gründe dafür anführen, die inhaltlichen Eigentümlichkeiten einer besonderen Art des Verstehens zu Merkmalen des Hermeneutischen überhaupt zu machen. Es kann aber gefragt werden, ob sich ein nachvollziehbares *formales* Merkmal finden lässt, durch das Verstehen von anderen Formen des Wirklichkeitszugangs unterschieden werden kann. Der plausibelste Vorschlag für ein solches Strukturmerkmal lautet: Was verstanden werden kann, ist immer sinnhaft. »Sinnhaft« darf nicht mit »sinnvoll« verwechselt werden, sondern bedeutet: auf Sinn bezogen. Wenn eine Person beispielsweise angesichts einer schwierigen Aufgabe resigniert sagt: »Es ist sinnlos weiterzumachen«, dann hat sie die fragliche Handlung nicht etwa als sinnfrei gekennzeichnet, sondern auf einen Sinn bezogen, von dem gleichzeitig gesagt wird, er sei leider nicht erreichbar. In diesem Sinne ist jede Handlung sinnhaft – wenn auch keineswegs sinnvoll. Sinnhaft sind Handlungen, sprachliche Äußerungen, Riten, Institutionen etc., weil sie sich im Raum eines durch sozial gültige Regeln erzeugten Sinns abspielen.

Dieser Sinn ist objektiv, insofern er den Individuen nicht zur Disposition steht, sondern intersubjektiv erzeugt wird und auf kulturellen Traditionen basiert. Der subjektive Sinn nun – dasjenige, was eine Person zum Ausdruck bringen möchte – kann mit dem objektiven Sinn komplexe Beziehungen eingehen, setzt diesen aber immer voraus. Beispielsweise gibt es in vielen Gesellschaften Begrüßungsregeln, die den objektiven Sinn bestimmter Armbewegungen konstituieren. Wenn eine Person in entsprechenden Zusammenhängen ihren rechten Arm mit geöffneter Hand einer anderen Person entgegenstreckt, hat dies den objektiven Sinn (gilt als ..., wird verstanden als ...) eines Begrüßungsangebots, was immer diese Person darüber hinaus mit ihrer Handlung intendieren mag. Und so verhält es sich mit allem, was verstanden werden kann: Es ist immer der mögliche Sinn, auf den sich das Verständnis bezieht. Kein möglicher Sinn, kein mögliches Verstehen. Selbst missverstehen kann ich etwas nur, wenn ich mich bemühe, seinen Sinn zu erfassen. Wenn sich herausstellt, dass die Schriftzeichen, die der Archäologe als Zeichen eines unbekannten Sinns, einer noch unentzifferten Schrift gedeutet hat, in Wirklichkeit doch nur Fliegendreck sind, dann hat er keineswegs den Sinn des Fliegendrecks missverstanden, sondern ihn vielmehr fälschlich als sinnhaft gedeutet.

Natürlich ist der Begriff des Sinns mindestens genauso mehrdeutig und unklar wie der des Verstehens, und so kann es scheinen, als ob mit seiner Einführung wenig gewonnen wäre. Die Wechselbeziehung von Sinn und Verstehen ist aber bereits dann erhellend, wenn man nur über einen ganz vagen Begriff von Sinn verfügt. Was immer »Sinn« sonst noch sein mag, es ist jedenfalls ein Titel für menschliche Deutungen der Wirklichkeit. Sinnvoll oder sinnlos, mit einem spezifischen Sinn ausgestattet oder nicht, ist Realität nur als menschlich angeeignete, im Lichte humaner Interessen und ihrer Symbole gedeutete Realität. Auf dieser Einsicht aufbauend, lassen sich drei verschiedene, aufeinander bezogene Bedeutungsebenen des Sinnbegriffs unterscheiden: 1. sprachlicher Sinn[8] (die Bedeutung eines Satzes), 2. Handlungssinn (der Sinn einer Handlung als die Erfüllung ihres Zwecks) und 3. Lebenssinn (die übergreifenden Orientierungen der Lebenspraxis eines Einzelnen oder einer sozialen Gruppe). Der gemeinsame Gesichtspunkt, der die Bedeutungsschichten des Sinnbegriffs dabei zusammenhält, ist die symbolische Vermitteltheit des menschlichen Realitätszugangs, die Tatsache, dass in jeder symbolischen Repräsentation Wirklichkeit nicht einfach widergespiegelt, sondern gedeutet wird.

Sinnverstehen hat daher stets die elementare Struktur, dass etwas *als* etwas verstanden wird: eine Lautfolge als sprachliche Äußerung, eine Reihe von Körperbewegungen als zielgerichtete Handlung, ein Ganzes aus symbolischen Deutungen und Handlungen als sinnvolles Leben. Genauer betrachtet, weist diese Elementarstruktur sogar drei Relate auf: Es ist nämlich immer nur vor dem Hintergrund eines schon eingeführten Symbol- bzw. Handlungssystems möglich, etwas als etwas zu deuten. So verstehe ich beispielsweise ein Vorkommen der Lautfolge /es/ /Ist/ /kalt/ (1) als Äußerung des Satzes »Es ist kalt« (2) in der deutschen Sprache (3), oder ich verstehe einen Holzstab, an dem ein längliches Eisenstück befestigt ist (1), als Hammer (2) vor dem Hintergrund des Handlungssystems »Dinge festnageln« (3). Eine der zentralen Thesen der modernen Hermeneutik besteht darin, dass dieses sogenannte hermeneutische »als« sogar der prädikativen Form des Aussagesatzes noch vorausliegt. Anlässlich der Darstellung von Heideggers Hermeneutik im dritten Kapitel wird darauf noch zurückzukommen sein.

Sinnhaft und entsprechend auf Verstehensleistungen angewiesen ist nach dem Gesagten vor allem die Welt der sozialen Interaktionen,[9] von dem innerpsychischen Dialog Einzelner über die vielfältigen gesellschaftlichen Strukturen und Institutionen bis hin zur Völkerverständigung, die schließlich nicht umsonst so heißt. Der Gegenstandsbereich der Humanwissenschaften ist die durch menschliche Sinndeutungen hervorgebrachte Wirklichkeit. Ein altes Axiom des italienischen Philosophen Giambattista Vico (1668-1744) aufnehmend, sagt deshalb Dilthey kurz und bündig: »Nur was der Geist geschaffen hat, versteht er.«[10] In den Humanwissenschaften ist die Kategorie »Sinn« zentral, und es kann deshalb nicht wundern, dass im 20. Jahrhundert spezielle psychologische, soziologische, literaturwissenschaftliche, theologische, kunstwissenschaftliche u.a. Hermeneutiken entwickelt worden sind, die den Eigentümlichkeiten des jeweils typischen Sinnverstehens Rechnung tragen sollen. Um nur zwei prominente Beispiele zu nennen: Sigmund Freuds 1900 erschienenes Werk über die *Traumdeutung*, der Klassiker der psychoanalytischen Hermeneutik, entwickelt eine Interpretationstheorie, deren Zweck gerade darin besteht, das scheinbar Sinnfreie, die Phantasmagorien der Träume, als Ausdruck psychischer Bedürfnisse verstehbar zu machen, also der sinnhaften Welt wieder zu integrieren. Und Max Webers berühmte *Soziologische Grundbegriffe* von 1921 basieren durchgängig auf dem Konzept sinnhaften sozialen Handelns.

Es könnte nun so scheinen, als ob dieser sinnstrukturierten Welt des Sozialen, der natürlichen Heimat der Hermeneutik, die Welt sinnfreier Fakten und kausaler Beziehungen zwischen diesen einfach gegenüberstünde – hier die verstehenden Geistes- und Kulturwissenschaften, dort die Naturwissenschaften, spezialisiert auf sinnfreie Kausalität. So friedlich lassen sich diese »zwei Kulturen«[11] aber nicht auseinanderdividieren. Offensichtlich gibt es organische und hirnphysiologische Voraussetzungen kultureller Sinnbildung: kein sinnvoller Gedanke und kein Verstehen ohne spezifische neurophysiologische Erregungsmuster. Diese bilden notwendige, aber natürlich keineswegs hinreichende Bedingungen des Verstehens, denn selbst der feinsinnigste Hermeneutiker braucht zum Denken dringend sein Gehirn. Vielleicht noch wichtiger ist die Kategorie des »Lebens«, die in jüngster Zeit von verschiedenen Seiten wieder große Aufmerksamkeit findet.[12] Lebensprozesse gehen zumindest auf den komplexeren Stufen organischer Entwicklung mit einer *Bewertung* der Umwelt durch den Organismus einher, die emotional codiert ist. In solchen gefühlten Wertungen muss die organische Basis kognitiver Deutungsprozesse gesucht werden. Überhaupt mehren sich in jüngster Zeit jene kognitionswissenschaftlichen Stimmen, die darauf bestehen, dass Verstehen und generell alle menschlichen Kognitionen nur im Rahmen des Gesamtzusammenhangs von Gehirn, Organismus und physischer wie sozialer Umwelt begreiflich gemacht werden können.[13]

Auf der anderen Seite erweist sich auch die hermeneutische Grundkategorie »Sinn« als ein »Alleskleber«, ohne den die Naturwissenschaften nicht auskommen. Wir können uns nämlich nur mittels sinnhafter Symbole auf sinnfreie Natur beziehen, z.B. mit dem sinnvoll-verständlichen Satz »Dieser Stein ist kalt« auf einen kalten Stein, an dem es nicht das Geringste zu verstehen gibt. Den Sinn sprachlicher Symbole muss auch ein konsequenter Reduktionist unterstellen, für den sich alle Wirklichkeit, die menschliche eingeschlossen, in Begriffen beschreiben lässt, die nichts spezifisch Menschliches voraussetzen.

Wenn hermeneutisches Denken sich in einer Welt bewähren will, die immer stärker vom naturwissenschaftlichen Wirklichkeitsverständnis und der entsprechenden Technik geprägt ist, darf es sich also nicht ins Schneckenhaus seiner altehrwürdigen Traditionen zurückziehen. Zwei Dimensionen sind es vor allem, in denen Hermeneutik neu herausgefordert ist.

Zum einen gilt es, sich produktiv auf jenes Grundverhältnis zu beziehen, von dem schon mehrfach die Rede war: auf die Spannung zwischen einem sinnhaften, spezifisch menschlichen Wirklichkeitsverständnis – der klassischen Domäne der Hermeneutik – und den objektivierenden, kausal analysierenden Zugängen der Naturwissenschaften. Die naturwissenschaftliche Weltauffassung fordert hermeneutisches Denken heraus, der Frage nachzugehen, wie es zu verstehen ist, dass wir in einer um menschliche Sinnstrukturen unbekümmerten Natur leben, deren Teil wir sind.[14] Nahezu alle Bereiche der menschlichen Kultur sind von der Spannung zwischen sinnverstehenden und naturwissenschaftlichen Zugängen betroffen. Wo sie manifest wird, kann sie beispielsweise als weltanschaulicher Gegensatz zwischen Naturalismus und Kulturalismus,[15] konkreter in Form des schwierigen Dialogs zwischen Geistes- und Naturwissenschaften[16] oder auch als komplementäres Verhältnis zwischen Logik und Rhetorik der Erkenntnis[17] auftreten. Hermeneutisches Denken ist jedenfalls mit kausal-erklärenden Ansätzen dauernd konfrontiert, zumal es mittlerweile auch an Versuchen nicht fehlt, die Überlegenheit des naturwissenschaftlichen Denkstils auf dem Terrain der Hermeneutik selbst, im Hinblick auf soziale Verhältnisse und kulturellen Sinn, zu erweisen.[18] Selbst ihr »Heimvorteil«, die traditionelle Vertrautheit mit dem semantischen Dickicht komplexer kultureller Symbole, droht der Hermeneutik verloren zu gehen, wenn sie hier den Dialog scheut. Dieser würde im Übrigen leichter fallen, wenn die Gegenposition klarer erfasst würde: Nicht der Naturalismus als solcher bedroht die Einsichten des hermeneutischen Denkens (das sogar selbst naturalistische Spielarten entwickeln kann), sondern seine szientistischen Varianten, in denen die uns zugängliche Wirklichkeit reduktionistisch mit dem gleichgesetzt wird, was die Methoden der Naturwissenschaften erschließen können.

Die andere große Herausforderung betrifft das Entstehen neuer Formen der Kommunikation, neuer Sinnstrukturen und Öffentlichkeiten durch das Ineinandergreifen sozialer und technologischer Entwicklungen, insbesondere in den elektronischen Medien (etwa im Web 2.0). Um nur ein Beispiel zu nennen: In der traditionellen Hermeneutik stehen Texte und überwiegend sogar herausragende Werke im Zentrum. Dementsprechend war Hermeneutik mit der Idee eines normativen Kanons verbunden; die Kunst des Verstehens sollte sich nur an solchen Produkten der Hochkultur betätigen, die durch ihren unerschöpflichen Reichtum an Sinn dauerhaft kulturstiftend wirken. Das Internet ist aber ein Medium, das die Idee des Kanons radikal unterläuft: Die dort flottierenden Symbole – ebenso sehr Bilder und Töne wie Texte – sind nicht mehr sozial erkennbar in eine normative Hierarchie eingeordnet. Die Scheidung des Bedeutungsvollen vom Belanglosen steht und fällt allein mit dem Benutzer des Mediums und dessen hermeneutischer Kompetenz. Hier entstehen also neue Formen der Symbolproduktion und des Symbolverstehens, die sich einer traditionellen Texthermeneutik entziehen. Wenn der hermeneutische Grundgedanke, Sinnverstehen sei die Art und Weise, in der sich Menschen Wirklichkeit zu eigen machen, tragfähig ist, muss er sich auch an solchen neuen Symbolstrukturen bewähren.

Verstehen ist ein menschlicher Grundvollzug mit der elementaren Struktur »etwas als etwas auffassen«, eine Sache in ihrem Sinn verstehen. Es kommt daher nicht etwa erst dann zur Geltung, wenn bereits formulierte Symbolketten bzw. ausgeführte Handlungen verstanden werden müssen. Auch die Produktion von Symbolen und von Handlungen, nicht erst ihre Deutung, hat einen verstehenden Charakter. In diesem Fall liegt es auf der Hand, dass Verstehen ein kreativer Vorgang ist, der nicht nur reproduziert, sondern etwas Neues schafft. Nur wenn sich Hermeneutik auf die Auslegung bereits geprägter geistiger Gebilde konzentriert, kann der Eindruck entstehen, es gehe im Verstehen wesentlich um einen Nachvollzug. Allerdings legt der verbale Gebrauch von »verstehen« in der deutschen Sprache diese Bedeutung auf den ersten Blick tatsächlich nahe. Wer eine sprachliche Äußerung oder eine Handlung versteht, realisiert den Sinn eines schon vorgegebenen Symbolismus. Anders verhält es sich aber in der Redewendung »sich auf etwas verstehen«. Hier geht es um ein praktisches Know-how, das sich im kompetenten Handeln selbst zeigt, nicht erst im Verstehen bereits vollzogener Handlungen. Genauer betrachtet ist aber die Erzeugung sprachlicher Äußerungen in einem doppelten Sinn ein Verstehen: Sie setzt ein Verständnis der gebrauchten Sprache voraus und in der Wahl der jeweiligen Äußerung bringt sie das Verständnis zum Ausdruck, das der Sprecher von dem Sachverhalt hat, auf den er sich sprachlich bezieht. Wenn beispielsweise ein kompetenter Sprecher des Deutschen morgens beim ersten Blick aus dem Fenster den Satz äußert »Heute ist das Wetter aber trist«, dann hat er nicht nur sein Sprachverständnis bewiesen, sondern auch einen außersprachlichen Sachverhalt als sinnhaft verstanden, nämlich die klimatischen Verhältnisse als der Grundstimmung des Sprechers abträglich.

Es ist zum Teil natürlich eine Frage des Sprachgebrauchs, ob man den Ausdruck »verstehen«, wie hier vorgeschlagen, in einem weiteren Sinn gebraucht oder ihn auf den Nachvollzug des Sinns bereits gegebener Symbole beschränkt. Sachlich entscheidend bleibt stets die Etwas-als-etwas-Struktur, die das hermeneutische Wortfeld dominiert. Wenn bereits das erste Relat dieser Struktur sinnhaft ist (beispielsweise im Fall eines sprachlichen Zeichens), dann handelt es sich um reproduktives Verstehen; wenn dem ersten Relat ein zeichenhafter Sinn erst zugeordnet wird (z.B. beim Auffassen einer Wetterlage als trist), um produktives Verstehen. Traditionell wurde die Hermeneutik meist als Lehre vom kunstgerechten reproduktiven Verstehen gefasst: In ihrem Anwendungsbereich mussten beide Relationsglieder des hermeneutischen »als« sinnhaft sein. Diese sinnhafte Vorstrukturierung des hermeneutischen Gegenstands wird von Texten am deutlichsten exemplifiziert, woraus sich dann eine entsprechende Nähe von

Hermeneutik und Philologie ergibt, die im 19. Jahrhundert bis zu ihrer Identifizierung führte. Die Schlüsselfigur dieser Auffassung von Hermeneutik ist der Philologe August Boeckh (1785-1867), der über 46 Jahre hinweg in einer 26-mal gehaltenen Einführungsvorlesung die *Erkenntnis des Erkannten* als zentrale Denkfigur der hermeneutischen Wissenschaften[19] herausstellte. Erst mit Dilthey und entschiedener mit Heidegger wurde dann das produktive Verstehen als Untersuchungsbereich der Hermeneutik wiederentdeckt. Ob man den Ausdrucksvorgang selbst (»primäres Verstehen«) in die Hermeneutik einbezieht oder diese auf das Verstehen bereits gegebener geistiger Gebilde beschränkt (»sekundäres Verstehen«), ist die wichtigste grundbegriffliche Vorentscheidung, die man auf diesem Feld treffen kann.

Mit diesen Überlegungen sollte das Wortfeld, in dem sich hermeneutisches Denken bewegt, bereits an Kontur gewonnen haben. Die Verhältnisse innerhalb dieses Feldes müssen aber noch weiter verdeutlicht werden. So habe ich bisher die psychologischen Verben »verstehen«, »auslegen« und »deuten« – zu ergänzen wären noch »interpretieren« und ähnliche Verben wie »explizieren«, »darlegen«, »übersetzen« – mehr oder minder undifferenziert zur Bezeichnung sinnbezogener menschlicher Aktivitäten verwendet. In der Tat ist jedes Verstehen zwangsläufig auch eine *Auslegung* des Verstandenen auf seinen Sinn hin, insofern man nur dann von Verstehen sprechen kann, wenn etwas nicht einfach als natürlicher Sachverhalt in seinem Bestehen hingenommen, sondern *als* Realisierung einer sinnhaften Struktur (etwa einer natürlichen Sprache oder einer konventionellen Handlung) begriffen wird. Auslegung und Verstehen sind demnach Wechselbegriffe, von denen der letztgenannte eher das hermeneutische Resultat, ersterer eher den hermeneutischen Prozess benennt. Freilich kommt es häufig vor, dass dieser Prozess gar nicht bewusst vollzogen wird, sondern die Form eines habitualisierten praktischen Könnens hat und gar nicht als Auslegung zum Bewusstsein kommt. Besonders deutlich ist das im Fall des schnellen und automatischen Verstehens (der Decodierung der Satzstruktur), das die Linguisten »Parsing« nennen. Nur retrospektiv ist jedes Verstehen Auslegung.

Von Auslegung/Deutung bzw. von Interpretation im engeren Sinn kann hingegen dann gesprochen werden, wenn sich das zu Verstehende nicht von selbst versteht, wenn es dazu einer bewussten Bemühung bedarf. Als methodische Anleitung dieses Bemühens hat sich die Wissenschaft der Hermeneutik zuerst herausgebildet, dabei einer Intuition folgend, die Dilthey klassisch formuliert hat: »Die Auslegung wäre unmöglich, wenn die Lebensäußerungen gänzlich fremd wären. Sie wäre unnötig, wenn in ihnen nichts fremd wäre. Zwischen diesen beiden äußersten Gegensätzen liegt sie also. Sie wird überall erfordert, wo etwas fremd ist, das die Kunst des Verstehens zu eigen machen soll.«[20] Hermeneutik ist nach dieser Auffassung die Theorie und Praxis des expliziten Verstehens, also der Auslegung oder Interpretation. Dem entsprechen auch die Bedeutungen des griechischen Wortes »hermeneuein«, von dem der Terminus »Hermeneutik« abstammt: auslegen, erklären, dolmetschen, übersetzen. Dementsprechend ist der »hermeneutes« ein Bote oder auch Dolmetscher. Und »Hermes« hieß im antiken Griechenland der Götterbote, dessen Aufgabe es war, den Menschen die Botschaften der Götter zu vermitteln. Dieser letzte Zusammenhang wird traditionell meist dann erwähnt, wenn es darum geht, den autoritativen und normativen Charakter der Überlieferung zu betonen.

Dass Hermeneutik demnach präziser als Lehre vom Verstehen *und* von der Auslegung/Interpretation gefasst werden kann, erlaubt auch eine sachliche Differenzierung zwischen verschiedenen Selbstauffassungen des hermeneutischen Denkens. Typologisch vereinfachend lassen sich drei Formen unterscheiden, wobei natürlich Mischformen immer möglich sind: 1. Die Hermeneutik hat sich besonders in ihren Anfängen schlicht als *Methodenlehre der sachgerechten Auslegung* begriffen und häufig keine weiteren philosophischen Ansprüche erhoben. Wenn die Methodik der Interpretation mit der Vorstellung verbunden ist, es müsse einen einzigen, womöglich von Gott verbürgten Sinn des ausgelegten Textes geben, wird als Ziel die Beseitigung von abweichenden Lesarten vor Augen stehen. Verstehen wird so zum Einverständnis mit einem normativ vorgegebenen Textsinn, der Plural der Interpretationen erscheint als Zeichen noch nicht gelungenen Verstehens. Ein solches »handwerkliches« Verständnis von Hermeneutik kann dann, wie bei dem Aufklärungshermeneutiker Johann Martin Chladenius (1710-1759), sogar mit der Überzeugung einhergehen, dass Philosophie der Hermeneutik gar nicht bedarf, weil sie die Beschränkungen des Alltagsverstands überwunden hat.

2. Anders stellt sich die Sache dar, wenn man die metaphysische oder religiöse Überzeugung von einem einzigen, normativen Sinn des zu Verstehenden fallen lässt. Denn dann erscheint der Prozess der Auslegung als offen und unhintergehbar – was nicht zwangsläufig heißt, auch auf die Unterscheidung zwischen richtiger und falscher Interpretation zu verzichten. Richtigkeit ist dann eben nur durch Interpretationen hindurch erreichbar und nicht mehr kraft höherer Einsicht. Für ein solches Verständnis, wie es sich seit dem Niedergang des deutschen Idealismus immer mehr durchgesetzt hat, stehen Philosophie und Hermeneutik in einem Innenverhältnis; die *philosophische Hermeneutik* entsteht. Nicht mehr die Frage, wie man wichtige Texte richtig versteht, sondern die Erforschung des verstehenden Wirklichkeitszugangs überhaupt steht im Zentrum dieses Denkens. Mit der Texthermeneutik können allerdings enge Zusammenhänge bestehen, wenn beispielsweise das Verstehen der überlieferten

Tradition als Modell für Verstehen überhaupt konzipiert wird. Hier setzt sich dann doch wieder das Textmodell in einer universalisierten Form durch. Ein häufig erhobener Einwand gegen die Hermeneutik weist auf die Gefahr hin, die Untersuchung von philosophischen Sachfragen mit der Interpretation philosophischer Texte zu verwechseln: eine schleichende Philologisierung der Philosophie, die Herbert Schnädelbach als »Morbus hermeneuticus«[21] bezeichnet hat.

3. Wenn der Prozess des Verstehens nun nicht nur analytisch ins Zentrum gerückt, sondern auch auf die inhaltlichen Fragen der Philosophie, auf Probleme der Epistemologie, Ontologie, Ethik und Ästhetik bezogen wird, radikalisiert sich die philosophische Hermeneutik zur *hermeneutischen Philosophie.* Diese Radikalisierung ist besonders durch die Einsicht in den interpretativen Charakter des produktiven Verstehens gefördert worden. Wenn nicht erst die Deutung schon vorhandener Symbole, sondern bereits deren Erzeugung unhintergehbar interpretativ ist, avanciert »Interpretation« zum Schlüsselbegriff. Daraus hat Nietzsche die äußerste Konsequenz in Form der These gezogen, es gebe keine Fakten, sondern nur Interpretationen. Die poststrukturalistische Philosophie etwa Derridas steht in dieser Tradition. Das Interesse an den konkreten Bedingungen der Interpretation, von dem der hermeneutische Impuls ausgegangen ist, schwindet dann charakteristischerweise völlig, und der normative Gedanke, eine ausweisbare Differenz zwischen richtigen und falschen Deutungen zu etablieren, weicht einer Beschreibung vielfältiger und frei flottierender Weltinterpretationen.

Die Spannbreite der hier geschilderten Positionen ist beachtlich und gibt Anlass zur Vorsicht. Wann immer von Hermeneutik die Rede ist, sollte mitbedacht werden, in welchem Sinn dies geschieht. Wichtig ist das schon deshalb, weil sich jeder Begriff durch Umfangserweiterung rasch unbrauchbar machen lässt. Nicht nur das Prädikat »hermeneutisch«, auch die Verben »verstehen« und »interpretieren« können nur dann angemessen gebraucht werden, wenn sie nicht von Beliebigem ausgesagt werden. Dass es in der Hermeneutik, wie oben schon ausgeführt, immer um Sinnverstehen geht, ist zwar fundamental, bedarf aber wegen der Universalität dieses Phänomens weiterer Präzisierung. Hier hilft ein Rückgriff auf das hermeneutische »als« weiter: Hermeneutisches Denken bezieht sich auf Realität als menschlich gedeutete, auf sinnhafte, als Korrelat spezifisch menschlicher Lebenserfahrung angeeignete Wirklichkeit, und nur auf diese. Dadurch unterscheidet es sich von seinem wissenschaftstheoretischen Gegenstück, dem naturwissenschaftlichen Denken, das methodisch nicht vom Menschen, sondern von der Natur ausgeht. Für das Verständnis dieses Präzisierungsversuchs ist es entscheidend, zwischen den Formulierungen »Realität als menschlich gedeutete« und »menschlich gedeutete Realität« sorgfältig zu differenzieren. Zwar ist nämlich alle Realität, mit der Menschen zu tun haben, eben dadurch menschlich gedeutete Realität. Aus diesem Grund formulierte Dilthey treffend: »Wie das Objekt aussieht, wenn niemand es in sein Bewußtsein aufnimmt, kann man nicht wissen wollen.«[22] Aus dieser Unhintergehbarkeit der Kategorie »Sinn« folgt aber keineswegs, dass alles »irgendwie« hermeneutisch ist. Denn symbolisch erzeugter Sinn kann auch verwendet werden, um sich in einer Weise auf die Realität zu beziehen, die vom spezifisch Menschlichen gerade absieht.

Diese Perspektive ist dann eben, obwohl sie sinnhafte Symbole verwenden muss, keine hermeneutische, sondern eine naturwissenschaftliche. In der Unterscheidung vom kausal-erklärenden Denkstil gewinnt Hermeneutik Kontur *als Theorie des humanspezifischen Verstehens und Interpretierens.* Dass jeder Wirklichkeitszugang, die Naturwissenschaften eingeschlossen, eine menschliche Deutung darstellt, gibt eben als methodische Einsicht noch keine Hermeneutik her. Entscheidend ist die Interpretation eines Sachverhalts unter der Perspektive, dass er als Korrelat spezifisch menschlicher Symbolformen, Sinnbedürfnisse, Handlungsziele etc. gegeben ist: Das Deuten muss nicht nur gedeutet, sondern auch als Deuten gedeutet werden (in analytischer Terminologie entspricht dem ungefähr die Unterscheidung zwischen Repräsentation und Metarepräsentation). Dann und nur dann, wenn diese methodische Einstellung eingenommen wird, ist der Gebrauch des Prädikats »hermeneutisch« und vergleichbarer Termini sinnvoll. Die methodische Einstellung auf das hermeneutische »als« ist in diesem Vorschlag für die Begriffsverwendung entscheidend, und erst sekundär können daraus inhaltliche Bestimmungen abgeleitet werden.

Weil sich die Geistes-, Kultur- und Humanwissenschaften (die angelsächsischen »humanities«) auf die Interpretation des kulturellen Niederschlags der sinnverstehenden Perspektive (auf Texte, Institutionen, Lebensformen, Handlungsmuster etc.) spezialisiert haben, bilden sie eben auch einen zentralen inhaltlichen Bezugspunkt des hermeneutischen Denkens. Prinzipiell stehen aber Hermeneutik und Naturwissenschaft nicht für Gegenstandsbereiche, sondern für methodische Zugänge. Diese Einsicht ist wichtig, weil sie den Konflikt zwischen natur- und kulturwissenschaftlichen Perspektiven gewissermaßen entontologisiert und dadurch zwar nicht aufhebt, aber doch entspannt. Wer diese Perspektivendifferenz verteidigt, legt sich damit keineswegs auf ein Denken in zwei Kulturen, zwei Welten oder gar – dualistisch-metaphysisch – Seinsbereichen (Geist versus Natur) fest. Methodendifferenzen können anders als Gegenstandsbestimmungen komplementär aufgefasst werden und setzen dann ein inklusives Sowohl-als-auch an die Stelle eines exklusiven Entweder-Oder.

Im Lauf der folgenden Kapitel soll nun in Grundzügen dargestellt werden, wie Problemlage und Aufgabenstellung des hermeneutischen Denkens heute aus dem geschichtlichen Bemühen entsprungen sind, das Verstehen zu verstehen. Weil Verstehen immer heißt, Sachverhalte vor dem Hintergrund eines Kontextes als Ausdrucksformen zu deuten, dieser Kontext aber stets von aktuellen Fragestellungen bestimmt wird, kann es die eine verbindliche Geschichte der Verstehens- und Interpretationstheorien prinzipiell nicht geben. Stilisierungen sind unvermeidlich, aber auch unschädlich, solange man sich ihrer bewusst ist. Die berühmteste und lange Zeit kanonische Darstellung ist Wilhelm Diltheys knapper Aufsatz »Die Entstehung der Hermeneutik« von 1900, in dem Schleiermacher (1768-1834) als Vollender des hermeneutischen Denkens herausgestellt wird, ohne dass Dilthey seine eigenen, über diesen hinausführenden Arbeiten auch nur erwähnt. Sechzig Jahre später hat dann Hans-Georg Gadamer in seinem Hauptwerk *Wahrheit und Methode. Grundzüge einer philosophischen Hermeneutik* eine andere Geschichte vorgeschlagen, in der die traditionelle Hermeneutik mit Dilthey endet und von Heidegger und Gadamer selbst in die philosophische Hermeneutik hinein aufgehoben wird. Auf diese dominierenden Deutungen werde ich noch ausführlicher zu sprechen kommen.

Für eine Einführung ist es naheliegend, das erreichte Vorverständnis durch einen Blick auf die (Vor-)Geschichte der Hermeneutik zu präzisieren, um dann die zentralen Theoreme der hermeneutischen Klassiker zu erarbeiten. Auf der Basis dieses Wissens können schließlich systematische Perspektiven heutiger Hermeneutik gewonnen werden, die sich auch interdisziplinär konkretisieren lassen.

Im zweiten Kapitel wird dementsprechend die Geschichte der Verstehenstheorien von den Anfängen bis in die Mitte des 19. Jahrhunderts behandelt, und zwar unter drei leitenden Gesichtspunkten, die auch der chronologischen Ordnung entsprechen: das Modell der Bibelauslegung (Reformationszeit), die Deutung der Welt als Text (Aufklärung), schließlich die Entdeckung der Individualität und Geschichtlichkeit (Romantik und Historismus). Wie das ursprünglich leitende Interesse, etwas – nämlich die Bibel – richtig zu verstehen, zur Konzentration auf die Bedingungen des Verstehens selbst führt, lässt sich so anschaulich nachvollziehen.

Das dritte Kapitel behandelt dann die hermeneutischen Klassiker Dilthey und Heidegger. Zentral ist dabei der Aspekt einer pragmatischen Wende des Verstehens: der Hinwendung zur Interaktion von Mensch und Umwelt. So ist zunächst der hermeneutische Charakter von Diltheys Konzept der Geisteswissenschaften herauszuarbeiten. Darauf folgt eine Darstellung seiner pragmatischen Einsichten, bevor schließlich seine späte Verstehenstheorie entwickelt wird. An Dilthey anknüpfend, entwickelt Heidegger seine »Hermeneutik der Faktizität«, die er in *Sein und Zeit* zu einer hermeneutischen Phänomenologie des Daseins ausbaut. Das produktive Verstehen der menschlichen Lebenspraxis steht im Zentrum dieser Analysen. Darzustellen ist, wie Heidegger das praktische Verstehen als »Existenzial« analysiert, die Universalität des hermeneutischen »als« herausstellt und schließlich eine Verbindung von Hermeneutik und Ontologie knüpft. Im vierten Kapitel behandle ich unter dem Stichwort der »Rückwendung zur Überlieferung« Gadamers universalen hermeneutischen Ansatz, wie er ihn in seinem wirkungsgeschichtlich bedeutenden Werk *Wahrheit und Methode* entwickelt.

Das fünfte Kapitel skizziert Perspektiven und Aufgaben gegenwärtiger Hermeneutik. Gegen die Vorstellung einer einzigen paradigmatischen Form des Verstehens und Interpretierens stelle ich ein pluralistisches Konzept sich ergänzender Ansätze, deren Familienähnlichkeit in der methodischen Einstellung auf lebensweltliche Erfahrung gründet. Brennpunkte neuerer Entwicklungen liegen dabei einerseits in dem pragmatischen Charakter von Deutungsprozessen, in denen Menschen ein kohärentes Selbst- und Weltverständnis auszubilden suchen, andererseits in neuartigen Verbindungen analytisch-geistphilosophischer und hermeneutischer Ansätze. Die Multiperspektivität, die sich vor allem von den pragmatischen Dimensionen aus erschließt, führt methodisch zwangsläufig in die Interdisziplinarität, und deshalb schließt diese Einführung in die Hermeneutik mit einem neugierigen Blick auf die hermeneutische Praxis außerhalb von Philosophie und Philologie. Um die Breite des Spektrums zu veranschaulichen, gehe ich dabei exemplarisch auf zwei recht unterschiedliche Disziplinen ein, nämlich auf Kunstgeschichte und Kognitionswissenschaft.

2. Zur Geschichte der Verstehenstheorien

Die Geschichte der Hermeneutik gehört zur Theorie des Verstehens hinzu: Systematik und Geschichte stehen hier – anders als in den Naturwissenschaften – in einem Innenverhältnis. Naturwissenschaftler müssen mit dem Stand der Forschung auf ihrem Gebiet vertraut sein, ohne dass sie sich noch für die verschlungenen historischen Pfade interessieren müssten, auf denen dieser Stand erreicht worden ist.[23] Dem Hermeneutiker hingegen erschließt sich der Forschungsstand erst durch eine eigenständige Aneignung der Geschichte der Verstehenstheorien. Diese unterschiedliche Einstellung zur Geschichte des eigenen Fachs hat ihren letzten Grund darin, dass es in den Naturwissenschaften um die durch den Sinn menschlicher Symbole hindurch erschlossenen Sachverhalte geht, in der Hermeneutik hingegen um die Eigenarten dieser symbolischen Sinnproduktion selbst. Gegenstand der Hermeneutik ist geschichtlich erzeugter, in einem Überlieferungszusammenhang stehender Sinn, dessen Verständnis wiederum auf geschichtlich tradierte Methoden angewiesen ist.

Die Geschichtlichkeit des hermeneutischen Projekts fächert sich daher in mehrere Aspekte auf: So sind die Gegenstände des Verstehens Resultat einer sich ständig wandelnden kulturellen Sinnproduktion, die im engsten Zusammenhang mit technischen Entwicklungen steht. Von den hermeneutischen Problemen, die sich im Zuge der elektronischen Medien mit ihrer dezentralen und nicht-hierarchischen Wissensstruktur ergeben, hätte sich Wilhelm Dilthey nichts träumen lassen. Weiterhin bringt aber die kulturelle Sinnproduktion nicht nur neue Medien hervor, sondern steht auch in einer historischen Überlieferung, die ihr Selbstverständnis normativ selbst dort noch prägt, wo sie zurückgewiesen wird. Zwischen den traditionalistischen Bewahrern des abendländischen Kulturerbes mit seinem Kanon an bedeutenden Texten, Bildern und Musikstücken und den Fürsprechern des Aufbruchs in die virtuelle Realität liegt ein weites Spektrum von Möglichkeiten, deren Verständnis auf ihre Entstehungsgeschichte verweist. Und schließlich sind auch die Methoden des Verstehens geschichtlich geprägt, weil sie sich im dauernden Kontakt mit ihren Gegenständen entwickelt haben. Vor allem ist die Idee einer philosophischen Hermeneutik, die den Wirklichkeitszugang »Verstehen« ins Zentrum rückt, nicht irgendwann von einem zeitlosen platonischen Ideenhimmel herabgefallen. Nach Dilthey ist sie Ausdruck des »historischen Bewußtseins«, des Wissens darum, dass jede Bedeutung, jeder Sinn in einem historischen Prozess entstanden und insofern endlich ist.

Um das Bedingtsein der eigenen Position durch ihre geschichtliche Herkunft zu wissen ist daher für eine reflektierte Hermeneutik unverzichtbar. Dies gilt zunächst in dem elementaren Sinn, dass diese Geschichte einen Fundus sachlicher Einsichten bereitstellt, den zu nutzen schon die Klugheit gebietet. Beispielsweise hat die jüngere Forschung gezeigt, dass jene Verstehensprinzipien der Rationalitätsunterstellung und Nachsicht, die von modernen Autoren wie dem amerikanischen Philosophen Donald Davidson (1917-2003) unter dem Stichwort »principle of charity« eingeführt wurden, schon im 17. und 18. Jahrhundert eine wichtige Rolle spielten.[24] Genauso wichtig ist aber ein zweiter Aspekt: das wirkungsgeschichtliche Bewusstsein, das den Schein eines unmittelbaren Zugriffs auf die Probleme zerstört. Im Hinblick auf kulturell erzeugten Sinn ist es methodisch naiv, die Prägung der eigenen Zugangsweise durch die Tradition zu übersehen –

genauso naiv wäre es allerdings, sich dieser Tradition bedenkenlos zu überlassen. Ein kritisches Verhältnis zu den traditionellen Deutungsmustern ist auch deshalb unverzichtbar, weil diese immer Stilisierungen der eigenen Geschichte einschließen, die einen bestimmten Forschungsstand mehr oder minder willkürlich festschreiben. Eine solche Wirkung hatte besonders Diltheys Arbeit über *Die Entstehung der Hermeneutik* von 1900, in deren Gefolge lange Zeit die protestantische Hermeneutik über- und die nichttheologische Hermeneutik unterschätzt wurde.

In diesem Kapitel geht es nun darum, die Hauptlinien sichtbar zu machen, die zu den universalen hermeneutischen Projekten des 19. und 20. Jahrhunderts hinführen. Denn obwohl die Hermeneutik, wie schon gesagt, als Disziplin erst in der Neuzeit entsteht, hat es auch im Mittelalter und in der Antike nie an hermeneutischen Reflexionen gefehlt. Die mythologischen Überlieferungen im antiken Griechenland, die weitverzweigten Erzählströme, Sprüche und Gesetzestexte der jüdischen Thora, schließlich das christliche Neue Testament mit seinem Anspruch, die heiligen Schriften des Judentums als das Alte Testament zu deuten – all dies bot genügend Anlass, nach Möglichkeiten und Grenzen von Interpretation und Verstehen zu fragen.

Im alten Griechenland wurde die hermeneutische Reflexion besonders von den Epen, Mythen und Gedichtzyklen Homers (8. Jahrhundert v. Chr.) und Hesiods (7. Jahrhundert v. Chr.) angeregt. Vor allem die *Ilias* und die *Odyssee* mit ihren anthropomorphen Göttergestalten und moralisch fragwürdigen Heldentaten, aber auch die *Theogonie* des Hesiod und seine *Werke und Tage* ließen sich rationaler Reflexion ihrem Wortsinn nach nur schlecht einfügen. Radikale Philosophen wie Xenophanes (6. Jahrhundert v. Chr.) verwarfen deshalb diese Dichtungen, die immerhin die kulturelle Identität der gesamten antiken Welt geprägt hatten, als unwahr und unmoralisch.[25] Andere entwickelten dagegen Deutungsverfahren, mit deren Hilfe besonders die moralische und theologische Anstößigkeit der Texte Homers und Hesiods weginterpretiert werden sollte. Die Zielsetzung dieser Verfahren war also von vornherein apologetisch; es galt, die Wahrheit und Geltung der identitätsstiftenden Texte durch Interpretation zu retten. Man operierte mit einer Art Unschuldsvermutung dem Text gegenüber, die Oliver Scholz folgendermaßen formuliert: »Ein Ausleger hat diese Texte erst dann richtig verstanden, wenn er erkannt hat, welche frommen, guten und wahren Inhalte in ihnen ausgedrückt sind.«[26] Da die Dichtungen Homers und Hesiods wörtlich genommen jede Menge Anstößiges enthalten, kam es darauf an, zwischen den Worten und ihrem tieferen, zunächst verborgenen Sinn zu differenzieren.

So entstand eine Unterscheidung, die Karriere machte, weil sie die Möglichkeit zu bieten schien, die Forderungen der Rationalität mit der narrativen Struktur und volkstümlichen Buntheit der Mythen und später der biblischen Texte zu verbinden: die Unterscheidung zwischen Literalsinn (wörtlichem Sinn) und tieferem, eigentlichem Sinn. Dieser Letztere wurde seit dem 1. Jahrhundert n. Chr. mit einem aus der Rhetorik stammenden Ausdruck »allegorischer Sinn« genannt. Im Folgenden Abschnitt wird das allegorische Interpretationsverfahren näher vorgestellt. Zuvor ist aber noch an einen wichtigen antiken Ausgangspunkt der Hermeneutik zu erinnern, der nicht, wie die allegorische Deutung, praktischen Erfordernissen entsprungen ist, nämlich an die logisch-sprachphilosophischen Schriften des Aristoteles, das sogenannte *Organon*. Unter diesen Texten war es besonders die Schrift *Peri hermeneias*, lateinisch *De interpretatione*, auf die ein eher sprachphilosophisch und zeichentheoretisch orientierter Strang hermeneutischer Reflexion immer wieder zurückkam. Aristoteles entwickelte in *De interpretatione* Einsichten vor allem im Hinblick auf das Verhältnis von Gemeintem, Gesagtem und Bezeichnetem sowie zum Begriff der aussagenden Rede (logos apophantikos), die für die formale Bestimmung des Deutungsprozesses grundlegend blieben und es teilweise heute noch sind. Das Erkenntnisinteresse der Mythendeutung, kulturstiftende Texte verstehbar und rationalen Standards kompatibel zu machen, tritt in der aristotelischen Schrift völlig hinter dem Bemühen zurück, die allgemeinsten Strukturmerkmale des Sprachverstehens und der Entstehung von Bedeutungen zu analysieren. Es geht hier also, ganz ähnlich wie in den gegenwärtigen Ansätzen zu einer hermeneutischen Sprachdeutung im Rahmen der Philosophie des Geistes, um das Verhältnis von Geist und Sprache. Von der Spätantike bis in die Frühe Neuzeit dominiert aber das inhaltlich motivierte Modell der Schriftauslegung, dem ich mich nun zuwende.

Bibelauslegung als Modell:
Von Philo über Augustinus zu Luther

Die Unterscheidung zwischen dem buchstäblichen und dem verborgenen, allegorischen Sinn eines Textes, zuerst von den Interpreten Homers und Hesiods praktiziert, wurde während des Hellenismus von der Stoa weiterentwickelt und schließlich von dem jüdischen Philosophen Philo von Alexandrien (1. Jahrhundert n. Chr.) am Alten Testament ausgiebig erprobt und methodisch vertieft. Philo, der stark von stoischem Denken beeinflusst war, gilt als Vater der Allegorese. Dieses aus den Begriffen »Allegorie« und »Exegese« zusammengesetzte Wort meint ein Deutungsverfahren, das vorab auf die Erschließung eines tieferen, im Wortsinn bildhaft verkleideten Sinns zielt. Hier ergibt sich natürlich sofort das Problem, wie zwischen wörtlich und allegorisch zu verstehenden Texten unterschieden werden kann, ohne dass die Willkür des Interpreten maßgebend wird. Eine der bekanntesten allegorischen Deutungen des Alten Testaments kann dieses Problem verdeutlichen: Vom Wortsinn her ist das sogenannte *Hohelied* eindeutig eine erotische Dichtung, in der in poetischen Ausdrücken von Begehren, Lust und Schönheitsempfinden eines Liebespaares die Rede ist. Nach der allegorischen Deutung des frühen Christentums soll der wahre Sinn dieses Poems hingegen in der Schilderung des Verhältnisses Christi zu seiner Kirche liegen. Angesichts der Fülle erotischer und auch sexueller Anspielungen, die das *Hohelied* durchziehen, erscheint die Allegorese hier weniger mit dem Herauslesen eines tieferen als mit dem Hineinlesen eines dem Text fremden Sinns beschäftigt.

Philos Lösungsversuch für das Problem, Wortsinn und übertragenen Sinn zu unterscheiden, besteht nun darin, den Text selbst auf Sinnbrüche, Absurditäten und Aporien zu untersuchen, die er dann als vom – im Fall der Bibel göttlichen – Autor bewusst gesetzte Zeichen dafür deutet, dass ein wörtliches Verstehen nicht beabsichtigt ist. Dieser eher technische Aspekt geht bei Philo mit einer dualistischen Hintergrundmetaphysik einher, die die Geschichte der allegorischen Deutung entscheidend geprägt hat. Philo operiert nämlich mit einer Analogie, die das Verhältnis zwischen Literalsinn und allegorischem Sinn dem zwischen Körper und Seele gleichsetzt. Der unmittelbare Text verhält sich zur wahren Bedeutung wie der menschliche Körper zur menschlichen Seele. Und wie gemäß dieser Metaphysik die geistige, vernunftbegabte Seele das Entscheidende ist, so auch im Bereich der heiligen Texte der verborgene, nur durch Allegorese zu erschließende Sinn.

»Der Geist zählt, nicht der Buchstabe« – so ließe sich die Deutungsmaxime Philos zusammenfassen. Und damit steckt man schon tief in den Problemen, die die hermeneutische Theoriebildung noch heute umtreiben. Einerseits nämlich leuchtet es ein, dass die Beachtung des »Geistes« – der Grundideen, des Gesamtzusammenhangs, der Aussageabsicht eines Textes – den Primat vor einem ängstlichen Kleben am Wortsinn haben sollte; andererseits sind die Buchstaben eines Textes der einzige Weg zu seinem Sinn, jede tiefere Deutung eingeschlossen. Wer die Buchstaben weglässt, erhält also nicht etwa den Geist, sondern behält gar nichts mehr übrig. Abstrakter formuliert: Zwischen den einzelnen Bestandteilen eines geistigen Gebildes und seinem Gesamtsinn besteht ein zirkelartiges Verhältnis; nur durch die Teile erschließe ich das Ganze, und nur durch die Kenntnis des Ganzen erschließt sich der Sinn seiner Teile.

Diese Schwierigkeit, die später unter dem Titel des hermeneutischen Zirkels diskutiert worden ist, sucht Philo dadurch zu umgehen, dass er die Ausübung der Allegorese auf eine kleine Gruppe esoterischer Eingeweihter beschränkt. Nur wenige sollen fähig und würdig sein, zum geistigen Sinn aufzusteigen. Diesen wird dann aber auch zugetraut, den allegorischen Geist zu kennen, der hinter den Buchstaben steht. Die Zirkelstruktur zwischen dem Verstehen der Teile und dem Verstehen des Ganzen soll also durch eine Instanz außerhalb des Textes aufgebrochen werden, durch die wenigen Eingeweihten, deren Inspiration die richtige Deutung zu verbürgen hat. Philos Rückgang auf begnadete Interpreten birgt freilich eine massiv elitäre Tendenz in sich und droht außerdem den Text selbst zu entwerten. Wenn nämlich das geistliche Sensorium des Interpreten entscheidend für das richtige Verständnis ist, besteht die Gefahr, dass der Text zur Projektionsfläche für Deutungen wird, die ihm eigentlich fremd sind.

Bei Philo steht die Allegorese in einer charakteristischen Spannung zwischen rationalisierenden und esoterisch-mystischen Elementen. Die Suche nach dem wahren, verborgenen Schriftsinn wird ebenso sehr durch die nüchterne Aufmerksamkeit für Sinnbrüche in den heiligen Texten wie durch eine dem Mysterium zugewandte Religiosität motiviert. Und Philos Grundidee, das – zunächst verborgene – Gemeinte vom direkt Gesagten zu unterscheiden, ist ebenso ambivalent. Sie kann interpretatorische Willkür legitimieren, aber auch zu jenen Sinnhaftigkeits- und Konsistenzprinzipien ausgebaut werden, die in der späteren Hermeneutik eine zentrale Rolle spielen.

Philos Allegorese konzentriert sich auf die heiligen Schriften des Judentums, die Thora, und richtet sich primär gegen die wörtliche Gesetzesauslegung der rabbinischen Tradition. Mit der Entstehung des Christentums verändert sich diese Konstellation radikal, weil die allegorische Deutung jetzt von christlichen Theologen in der Absicht herangezogen wird, die Thora zu jenem Alten Testament zu machen, dessen Deutungsschlüssel im Neuen Testament gefunden werden kann. Die komplizierten Gesetzesvorschriften der Thora, die dort artikulierte Erwartung eines mächtigen Messias, der Bund zwischen Gott und dem jüdischen Volk – all das kann nicht mehr wörtlich verstanden werden, weil es sich dem christologischen Denken nicht einfügen lässt. Deshalb arbeiten die frühchristlichen Theologen an einer allegorischen Deutung der Thora nach dem philonischen Schema von Geist und Buchstabe, wobei nun die Person Jesu als der Geist fungiert, der den Buchstaben des Alten Testaments entschlüsselt. Der apologetische Charakter der früheren Allegorese bleibt also erhalten und verschärft sich sogar.

Die wichtigste Figur dieser Deutungstradition ist Origines (Anfang 3. Jahrhundert). Er baut Philos Dualismus zu einem dreigliedrigen Schema von Sinnschichten aus, das später auf vier Glieder erweitert wird. Die Mehrgliedrigkeit entsteht hier aber immer dadurch, dass innerhalb der Dualität von Literalsinn und verborgenem Sinn das zweite Relationsglied intern differenziert wird. Es handelt sich also nicht um prinzipielle Änderungen, sondern um subtilere Varianten derselben Unterscheidung, die gemäß dem Grundsatz »aliud dicitur, aliud significatur« (das eine wird gesagt, etwas anderes bezeichnet) vollzogen wird. Origines entwickelt seine berühmte Lehre von dem dreifachen Schriftsinn in seiner Abhandlung *Über die Prinzipien*: Zu unterscheiden sei zwischen dem körperlichen (buchstäblichen), dem psychischen (seelischen) und dem spirituellen (pneumatischen, geistigen) Sinn der heiligen Texte. Damit nimmt er das der griechischen Philosophie entstammende dreigliedrige Schema auf, in dem der Mensch als zugleich körperliches, seelisches und geistiges Wesen gedacht wird. Unter diesen Aspekten besteht für das antike Denken eine Hierarchie, und dementsprechend gliedert auch Origines die Allegorese hierarchisch: Der »körperliche«, wörtliche Sinn richtet sich an die große Menge der einfachen Menschen, der »seelische« Sinn an die Fortgeschrittenen, die auf dem Weg des Glaubens schon vorangeschritten sind, der »spirituelle« Sinn schließlich offenbart die tiefste göttliche Weisheit und erschließt sich nur den wenigen Vollkommenen.

Dieser Dreischritt verbindet also die Idee einer Differenzierung von Sinnebenen mit einer Art »spiritueller Dreiklassengesellschaft« unter den Gläubigen, die das Tiefenverständnis der heiligen Texte an eine Elite bindet. Und so gut diese hermeneutische Konzeption zu einer hierarchisch gegliederten Kirche passt, so wenig wird sie sich später dem erneuerten Schriftverständnis der Reformationszeit einfügen lassen, das die Gottesunmittelbarkeit des einzelnen Gläubigen betont. Die schon bei Philo zu beobachtende Dissoziierung des allegorisch Gemeinten vom wörtlich Gesagten wird bei Origines zudem noch durch die Einführung des später so genannten typologischen Schemas vorangetrieben. Damit ist die systematische Suche nach Entsprechungen gemäß dem Muster von alt/neu, Verheißung/Erfüllung, vorläufig/endgültig u.ä. gemeint: der alte Bund als Vorzeichen des neuen Bundes, Abraham als Vorzeichen Christi usw. Dieses Schema erweist sich immer dann als leistungsfähig, wenn eine Tradition weder ganz abgebrochen noch unverändert weitergeführt werden kann. Der Modus des Verstehens ist hier vorab apologetisch, die Rettung bestimmter Texte durch Umdeutung Ziel der Interpretation. Diese Umdeutung steht unter dem doppelten Zeichen der Ehrfurcht vor der Tradition und des Bewusstseins historischen Abstands und veränderter Rezeptionsbedingungen.

Im mittelalterlichen Denken wird das allegorische Deutungsmuster zunehmend differenziert und systematisiert, wobei sich im 13. Jahrhundert dann ein Viererschema durchsetzt, für dessen Glieder sich die Begriffe »historia« (»littera«), »allegoria«, »tropologia« (»moralis intellectus«) und »anagogia« einbürgern. Der entsprechende Merkspruch lautet: »Littera gesta docet; quid credas allegoria; moralis quid agas; quo tendas anagogia.« D.h.: »Der Wortsinn lehrt das Geschehene, der allegorische, was du glauben sollst, der moralische, was du tun sollst, der anagogische, wohin du streben sollst.« Unter den Titeln »historia« bzw. »littera« kommt demnach die wörtliche Bedeutung der Texte zur Sprache, die historischen Ereignisse und Personen, von denen die Bibel erzählt. Der Begriff »allegoria« wird dann im weiteren Sinn für die Grundidee der Interpretation überhaupt, im engeren Sinn aber für eine spezielle Dimension des Allegorischen gebraucht, nämlich für diejenige Bedeutung des Textes, die auf Christus und die Kirche zielt. Der tropologische Sinn bezieht sich auf die moralische Dimension, auf die Lehre, die der Text für Lebensführung und Seelenheil des Menschen enthält. »Anagogia« schließlich meint den Bezug auf das transzendente Sein, aufs Jenseits und das ewige Leben. Als Standardbeispiel für die Verschachtelung dieser Sinnebenen gilt seit Joh. Cassian der Name »Jerusalem«. Historisch bezeichnet er die reale Stadt in Palästina, allegorisch die Kirche Christi, tropologisch-moralisch die Seele des Menschen und anagogisch das »ewige Jerusalem«, den Himmel.

Die allegorische Interpretation trägt ein theologisch bearbeitetes Heilswissen an die biblischen Texte heran und sucht nach indirekt-bildhaften Deutungen, um den Abstand zwischen dem Wortsinn und der Denkungsart des Lesers zu verkleinern. Weil der Prozess des Verstehens hier aber von textexternen, nämlich theologischen Vorgaben gesteuert wird, können die hermeneutischen Projekte der Neuzeit daran nur beschränkt anknüpfen. Dennoch emanzipiert sich die Hermeneutik mit der Lehre vom mehrfachen Schriftsinn von einem unhistorischen und starren Glauben an die »Wörtlichkeit«. Aus historischer Distanz betrachtet, wirkt das allegorische Verfahren oft willkürlich und gewaltsam, aber die Idee, verschiedene Sinnebenen eines Textes systematisch zu unterscheiden, bewährt sich auch unabhängig von ihrer apologetischen Indienstnahme.

Auf die Begründer der modernen Hermeneutik haben die Denker der allegorischen Bibelauslegung kaum direkt gewirkt. Anders verhält es sich bei Augustinus (3./4. Jahrhundert n. Chr.), dessen Werk sowohl von Heidegger als auch von Gadamer im Zusammenhang ihrer systematischen Entwürfe ausgiebig rezipiert worden ist. Auf der Suche nach einer historischen Vergewisserung für seinen eigenen Ansatz stößt der frühe Heidegger auf den Kirchenvater, von dem er sagt, »Augustinus gibt die erste ›Hermeneutik‹ großen Stils«[27]. Bei Gadamer ist es primär die Sprachphilosophie Augustinus', die seine Konzeption vom Sein der Sprache angeregt hat. Die hermeneutische Wirksamkeit Augustinus' vor Heidegger und Gadamer gründet sich jedoch vor allem auf seinen Traktat *De doctrina christiania.* Dem allegorischen Deutungseifer des Origines setzt er dort die These entgegen, die Bibel sei prinzipiell klar und verständlich und die Hermeneutik habe sich daher auf die sogenannten dunklen Stellen zu konzentrieren. Für diese werden Standards des Verstehens formuliert, die teils technischer, teils »existentieller« Art sind. So betont Augustinus auf der technischen Seite die Wichtigkeit ausreichender Sprachkenntnisse und der Vertrautheit mit den im Text vorausgesetzten faktischen Verhältnissen und historischen Begebenheiten. Wichtiger ist ihm allerdings die rechte Einstellung des Interpreten, die er mit der paulinischen Trias von Glaube, Hoffnung und Liebe umschreibt.

Besonders die Liebe (caritas) fungiert als ein grundlegendes Auslegungsprinzip und zwar in dem doppelten Sinn, dass der Interpret einerseits von ihr erfüllt sein muss, um den Text zu verstehen und andererseits der Text nur dann richtig verstanden wird, wenn er seinen Leser in der Haltung der Liebe zu Gott und den Menschen bestärkt. Dieses Prinzip ist bei Augustinus von der theologischen Überzeugung motiviert, die Heilige Schrift enthalte keine Irrtümer, erscheint aber doch als ein ferner Vorläufer des »principle of charity«, mit dessen Hilfe die moderne Sprachphilosophie die Voraussetzungen des Verstehens beschreibt. Augustinus' hermeneutische Einstellung zur »caritas« kann als eine frühe Version des Prinzips der wohlwollenden Interpretation gedeutet werden, die auf eine existentielle Aneignung der für heilsentscheidend gehaltenen biblischen Texte hin zugespitzt ist: Ein Sinn kann nur dort gesucht werden, wo er wohlwollend auch gegen den ersten Anschein der Dunkelheit als vorhanden unterstellt wird.

Konkreter ergibt sich daraus zunächst ein Kontextprinzip: Dunkle Stellen sollen aufgehellt werden, indem man sie von verständlichen Parallelstellen ausgehend – aus ihrem Zusammenhang heraus – interpretiert. Die Maxime der Interpretation, sich dem Text glaubend, hoffend und vor allem liebend zu nähern, dient gleichzeitig als konsequentialistisches Wahrheitskriterium für die vollzogene Deutung selbst. Nur wenn das erreichte Verständnis den Leser zu Glaube, Hoffnung und Liebe disponiert, gilt es als wahr. Mittels dieses Kriteriums markiert Augustinus auch eine klare Grenze zwischen wörtlicher und übertragener Deutung. Der Sprung auf die allegorische Ebene gilt nämlich nur in den Fällen als legitim, in denen eine wörtliche Deutung keine entsprechende religiös-moralische Disposition hervorzubringen vermag. Und schließlich wird diejenige allegorische Interpretation als die zutreffende betrachtet, der dies dann doch noch gelingt.

Augustinus betrachtet die Allegorese nicht als interpretatorisches Allheilmittel. Das dritte Buch von *De doctrina christiania* arbeitet klar heraus, dass im Fall mehrdeutiger Zeichen zwei Typen der Fehldeutung zu vermeiden sind: die wörtliche Deutung metaphorisch zu verstehender Ausdrücke und die metaphorische Interpretation wörtlich zu verstehender Ausdrücke. Im Unterschied zur Tradition der Allegorese erscheint die Dunkelheit einer Textstelle nicht als Zeichen von geheimnisvoller Tiefe, sondern als ein Problem, das durch Anwendung »figürlicher« Deutungen gelöst werden muss, und zwar im Sinne jener lebenspraktischen Konsequenz der »caritas«, die dem gläubigen Leser aus dem klar verständlichen Teil der biblischen Schriften schon vertraut ist. Augustinus warnt deshalb die christlichen Prediger entschieden davor, die Dunkelheit mancher Schriftstellen aus Gründen der größeren Wirkung in ihren Predigten nachzuahmen.

Ein anderer Aspekt der Lehre Augustinus' soll nicht unerwähnt bleiben, weil er von Hans-Georg Gadamer aktualisiert wird: die der Stoa entstammende Unterscheidung zwischen dem inneren und dem äußeren Wort (logos, verbum), die Augustinus in dem *Traktat über die Dreifaltigkeit* (*De trinitate*) weiterentwickelt. Ursprünglich, so heißt es dort, sei Denken und Sprechen ein innerer Vorgang »im Herzen«, der sich noch gar nicht in dieser oder jener Sprache abspiele. Dieses »verbum interius« äußere sich in realen Gesprächen und Texten dann in unvollkommener Weise, z.B. als griechischer oder lateinischer Satz, bleibe aber wegen dieser Bindung an die Materialität einer natürlichen, historischen Sprache immer hinter dem eigentlich Gemeinten zurück. Augustinus bildet die Unterscheidung zwischen dem Gemeinten und dem Gesagten auf die Begriffspaare Innen/Außen sowie Geist/Materie ab und generalisiert sie zu einer ontologischen Grundstruktur. Darauf bezieht sich im 20. Jahrhundert Gadamer mit seiner Rede von der Universalität der Hermeneutik. Das »innere Wort« ist mit der Formulierung des Gadamer-Schülers Jean Grondin »dasjenige, was danach strebt, sich in der ausgesprochenen Sprache zu äußern. Die geäußerte Sprache ist das Depositum eines Ringens, das als solches zu hören ist.«[28] Das Verhältnis von Sprache und Denken wird in der augustinischen Tradition als äußerlich konzipiert, der Akzent liegt nicht auf dem Ausdruck, sondern auf den, modern gesprochen, mentalen Zuständen. In der analytischen Philosophie der Gegenwart lässt sich dieser Ansatz z.B. in Jerry Fodors Konzept des *Mentalese*, einer dem tatsächlichen Sprechen vorgängigen Gedankensprache, wiederfinden. Im Unterschied hierzu betonen Autoren wie Vico, Hamann, Herder und Wilhelm von Humboldt die Wechselbezüglichkeit von Sprache und Denken, was über Dilthey und Heidegger Eingang in die moderne Hermeneutik gefunden hat.

Nach Augustinus entsteht erst mit der Reformation wieder eine grundlegend neue Ausgangslage für das hermeneutische Denken. Martin Luther (1483-1546) verkündet die Selbst-Verständlichkeit der Bibel und bricht mit der katholischen Lehre von der Deutung der Schrift durch die Tradition. Die Schrift allein genüge (sola scriptura), ohne ein sie verbindlich auslegendes Lehramt. Nach Luther ist die Bibel ihr eigener Interpret. Da es ihm nicht um theoretische Einsichten, sondern um die richtige religiöse Lebenspraxis geht, verzichtet er völlig auf allgemeine hermeneutische Reflexionen und konzentriert sich ganz auf die Exegese, die Auslegung der Heiligen Schrift. Hier zeigt sich allerdings schon ein Dilemma, das die Theoriebildung in der protestantischen Hermeneutik noch lange begleiten wird. Dass die Schrift nämlich ihr eigener Interpret sei, ist ein Postulat, mit dem Luther zwar erfolgreich die religiösen Machtansprüche und Deutungsmonopole des katholischen Lehramts attackiert, dessen Plausibilität aber unter der offenkundigen Vieldeutigkeit der Texte leidet, die dann eben auch Luther zu andauernden Interpretationsbemühungen nötigt. Jeder einzelne Gläubige soll den Text selbst verstehen, doch ist diese Selbst-Verständlichkeit eben alles andere als selbstverständlich, sie muss durch langwierige Exegesen erst sichergestellt werden.

Dass Luther – und dem frühen Protestantismus – häufig eine so zentrale Rolle bei der Entstehung der Hermeneutik zugewiesen wird,[29] ist insofern wegen der herausragenden kulturgeschichtlichen Stellung Luthers zwar nachvollziehbar, aber auch missverständlich. Seine hermeneutische Theorie muss aus einer umfangreichen hermeneutischen Praxis erst erschlossen werden, einer Praxis, in der Luther sich als weltgeschichtlich folgenreiches Interpretationsgenie erweist, seine Interpretationsleistung allerdings gleichzeitig immer in eine behauptete Selbstauslegung der heiligen Texte zurücknimmt. So bleibt bei Luther selbst auch weitgehend unklar, welche Maximen beispielsweise bei der Deutung dunkler Stellen zu befolgen sind. Erst der Lutheraner Matthias Flacius (1520-1575) entwickelt dann ein hermeneutisches Handbuch, das die neue Lehre von der Selbst-Verständlichkeit der Bibel theoretisch unterfüttert: die berühmte *Clavis scripturae sacrae* von 1567. In diesem *Schlüssel der Heiligen Schrift* werden Richtlinien entwickelt, die ein sachgemäßes Verständnis sichern sollen, d.h. Standards der Sprachbeherrschung und der exegetischen Kompetenz.

Für Flacius kommt es vorab darauf an, sich dem Text mit der richtigen, nämlich auf seine Wahrheit und Heilsbedeutung gerichteten Einstellung zu nähern.[30] Hierin kann man eine Vorform der späteren Prinzipien wohlwollender Interpretation sehen. Die Allegorese wird dann gegenüber dem »einfachen und eigentlichen« Sinn abgewertet. Zwei Auslegungsmaximen sind methodisch zentral. Zunächst gilt es nach Flacius, sich des leitenden Gesichtspunkts (scopus), der Aussageabsicht eines Textes zu versichern. Dazu ist auch die Textgattung zu beachten, denn Erzählungen, Trostreden, Lehrreden zielen auf verschiedene kommunikative Effekte beim Leser und erfordern dementsprechend differenzierte Verständnisbemühungen. Der zweite wichtige Punkt ist das Wechselverhältnis von Teil und Ganzem, später als hermeneutischer Zirkel bekannt. Flacius macht geradezu die Rationalität eines Textes daran fest, dass diese beiden Aspekte nachvollziehbar aufeinander verweisen: »Es ist nämlich unmöglich, daß irgend etwas vernünftig geschrieben ist, was nicht [...] bestimmte Teile oder Glieder in sich umfaßt, die nach gewisser Ordnungsweise und gleichsam Proportion sowohl untereinander als auch mit dem ganzen Körper, und zumal mit ihrem Gesichtspunkt, verbunden sind.«[31] Einen Text versteht nach diesem Prinzip jemand dann, wenn er die »horizontale« Verkettung seiner Sätze als Ausdruck des »vertikalen« Bezugs auf einen vereinheitlichenden Gesichtspunkt erfasst, dessen Eigenart wiederum nur aus dem Text selbst erschlossen werden kann.

Die Welt als Text: Zur Hermeneutik der Aufklärung

Im 15. und 16. Jahrhundert beginnt nicht nur wegen der Entdeckung Amerikas und der Reformation eine neue Zeit. Für die Hermeneutik ist es vor allem die Erfindung des Buchdrucks, der Einstieg in die »Gutenberg-Galaxis«, durch den sich die Wahrnehmung des Interpretierens und Verstehens verändert. Bücher und Texte aller Art, bis dahin selten und unerschwinglich, werden rasch in großer Zahl verfügbar. Die Welt wird ganz buchstäblich immer mehr zum Text, und auch die Natur, die mit Beginn der Neuzeit ins Zentrum des wissenschaftlichen Interesses rückt, wird bevorzugt mit einem Buch verglichen. Die wachsende Bedeutung von Texten als Medium der Wirklichkeitsaneignung spiegelt sich daher vor allem in den zahlreichen Analogien zwischen dem Lesen von Büchern – insbesondere der Bibellektüre – und dem Verstehen natürlicher Prozesse. So sagt beispielsweise Paracelsus, die Natur sei eine Sammlung von Büchern, die Gott »selbst geschrieben, gemacht, eingebunden und an die Kette seiner Bücherei gehängt hat«[32]. Der Konflikt zwischen einer – erst lange später so genannten – naturalistischen und einer kulturalistischen Deutung der Realität ist aber in der Metapher von der »Lesbarkeit der Welt« ebenfalls schon angelegt. Bei Galilei etwa steht die Rede vom »Buch der Natur« ganz im Zeichen der Opposition zur reinen Büchergelehrsamkeit. Und warum sollte, die Metapher zu Ende gedacht, jemand noch in das Buch der Bücher mit seinen zahllosen dunklen Stellen hineinschauen, wenn doch die Naturwissenschaft das aufgeschlagene Buch der Natur für ihn erfolgreich enträtselt? Dieser Konflikt ist in den zahlreichen Buch- und Textanalogien der Zeit zwar schon virulent, entfaltet aber doch erst im 19. und 20. Jahrhundert wirklich seine Sprengkraft. Zunächst jedoch inspirieren die Metaphern von der Welt als Text alle Wissenschaften gleichermaßen: Verstehen und Interpretieren werden zu zentralen Kompetenzen, in denen die Realität sich als »lesbare« enthüllt. Dies gilt für die Bibel, die antike Überlieferung, aber eben auch für die ganze Welt, soweit sie durch Zeichen erschlossen ist: für die »interpretatio naturae«.

Der hermeneutische Impuls, der von der Bibelauslegung der protestantischen Theologie ausging, ist im Gefolge Diltheys zu lange als ausschlaggebend angesehen worden. Mittlerweile hat die Forschung diese Stilisierung jedoch korrigiert. Weitgehend unabhängig von der Theologie gibt es nämlich schon in Humanismus und Renaissance, vor allem aber in der Aufklärung einen breiten Strom hermeneutischen Denkens, dem es auf den Spuren der aristotelischen Schrift *Peri hermeneias* um die allgemeinen Strukturen des Sprachverstehens in seiner wirklichkeitserschließenden Kraft geht, nicht vorrangig um die rechte Bibeldeutung. Eine Schlüsselrolle spielt hier Johann Konrad Dannhauer (1603-1666),[33] der den Ausdruck »hermeneutica« prägt und ihn bewusst als Titel für eine eigenständige Form des Wissens verwendet, die nicht auf das Bibelverständnis beschränkt ist. »Hermeneutica generalis« ist dann die Theorie dieses Wissens, genauer: die Lehre vom richtigen Interpretieren, noch genauer: die Lehre von den Kompetenzen des vorbildlichen Interpreten.

Sein Buch von 1630, in dem erstmalig das Konzept einer eigenständigen philosophischen Disziplin der Hermeneutik entwickelt wird, trägt dementsprechend den Titel *Idea boni interpretis*. Die *Idee des guten Interpreten* entwickelt Dannhauer vor dem Hintergrund seiner These, dass die Theorie des Interpretierens in die Logik gehöre, »Logik« verstanden als Inbegriff aller wissenschaftlichen Verfahrensweisen. Über diese eher schematische Zuordnung hinaus gibt es aber noch einen inhaltlichen Grund für sein Vorgehen. Dannhauer fokussiert das Verfahren der Interpretation nämlich in den sogenannten dunklen Stellen, die ja auch für die Bibelhermeneutik zentral sind. Hier knüpft er an die scholastische Lehre von den Exponibilien an, d.h. solchen Aussagen, deren Dunkelheit ihrer nicht leicht überschaubaren Komplexität geschuldet ist. Wenn es dem Ausleger nun gelingt, den Faden zu entwirren, dann dadurch, dass er die versteckte logische Form der Aussage herausarbeitet. Diese Klärungsarbeit soll das schwer Verständliche zugänglich machen und so den Wahrheitsanspruch des Textes herauspräparieren. Dannhauers Definition des optimalen Interpreten lautet dementsprechend: »Der Ausleger ist ein Analytiker aller Reden, sofern sie dunkel, aber exponibel sind, um ihren wahren Sinn vom falschen zu unterscheiden.«[34] »Wahr« und »falsch« beziehen sich hier wohlgemerkt nicht auf den sachlichen Gehalt eines Textes, sondern darauf, was sein Autor tatsächlich sagen wollte. Diese hermeneutische Leistung bildet die Voraussetzung für jedes Urteil über inhaltliche Wahrheitsansprüche. Zumindest gilt dies für Dannhauer und allgemeiner immer dann, wenn – wie in der Aufklärungshermeneutik – das Ziel des Verstehens die tatsächliche Aussageabsicht des Autors ist. Schwieriger wird es, wenn dem Autor kein normativer Vorrang über den Gehalt des Textes mehr zugestanden wird. Der »wahre Sinn« und die »Wahrheit des Sinnes« lassen sich dann nicht mehr so klar voneinander trennen, und genau in diese Richtung wird sich die philosophische Hermeneutik später entwickeln.

Die hermeneutischen Techniken, mit deren Hilfe Interpretationen den wahren Sinn eines Textes ermitteln können, entnimmt Dannhauer der antiken Tradition und ihrer mittelalterlichen Überlieferung. Es sind altbekannte Verfahren – »die Kenntnis von Begriffsbestimmungen; die Beachtung des *scopus*, d.h. der Zielsetzung des Werks; die Kenntnis des für die Autoren charakteristischen Sprachgebrauchs; die Beachtung der Analogie; die Textkritik; die genaue Untersuchung des Vorangehenden und

Folgenden«[35] –, die Dannhauer freilich systematisiert und vereinheitlicht. Dazu benutzt er einen Vergleich mit der Medizin, der ihn von der Analyse der Natur des Verstehens (Physiologie) über die Diagnose der Gründe für das Missverstehen (Pathologie) schließlich zu einer hermeneutischen Therapeutik führt, eben den schon genannten Verstehenstechniken. Neu bei Dannhauer sind nicht diese Techniken, sondern ihre konsequente Ausrichtung auf ein vereinheitlichtes theoretisches Projekt, die »hermeneutica generalis«.

Die erste deutschsprachige Hermeneutik wurde fast hundert Jahre nach dem Pionierwerk Dannhauers geschrieben und stammt von Johann Martin Chladenius. Aus seiner *Einleitung zur richtigen Auslegung vernünftiger Reden und Schriften* von 1742 sei nur ein zentraler Aspekt hervorgehoben, und zwar die Theorie des »Sehe-Punktes«. An diese Übersetzung des lateinischen »scopus« knüpft Chladenius wichtige Einsichten zur Perspektivität des Verstehens: »Man glaubt zwar gemeiniglich, daß jede Sache nur eine richtige Vorstellung machen könnte, und wenn daher in den Erzählungen sich einiger Unterschied befinde, so müsse die eine ganz recht und die andere ganz unrecht haben. Allein diese Regel ist weder andern gemeinen Wahrheiten noch einer genaueren Erkenntnis unserer Seele gemäß.«[36] Räumliche und zeitliche Unterschiede, verschiedene Erwartungshaltungen (Chladenius bringt als Beispiel die Schilderung einer Rebellion durch einen treuen Untertanen bzw. durch einen Rebellen), ganz allgemein die Gebundenheit von Darstellungen an individuelle Perspektiven machen die Erwartungshaltung zunichte, es könne z.B. so etwas wie die einzig wahre Schilderung einer Schlacht geben. Bestimmte Sachverhalte – etwa historische Ereignisse – sind nur durch perspektivische Darstellungen hindurch zugänglich, ohne dass diese Perspektivität gegen die Wahrheit des Sachverhalts ausgespielt werden könnte: »Wir wollen nur dieses behaupten, daß, wenn verschiedene Personen, auch nach ihrer richtigen Erkenntnis, eine Geschichte erzählen, in ihren wahren Erzählungen sich dennoch ein Unterschied befinden könne.«[37] Chladenius verallgemeinert dann diese Einsicht zu seinem Begriff des »Sehe-Punktes«, der methodische Rechenschaft über die Mehrzahl der Interpretationen geben soll: »Diejenigen Umstände unserer Seele, unseres Leibes und unserer ganzen Person, welche machen oder Ursache sind, daß wir uns eine Sache so und nicht anders vorstellen, wollen wir den Sehe-Punkt nennen.«[38] Damit hat Chladenius in aller Klarheit eine Position beschrieben, die zwischen radikalem Perspektivismus à la Nietzsche (»Es gibt nur viele Interpretationen und keine Tatsachen«) einerseits und radikalem Objektivismus (»Es gibt nur Tatsachen und jeweils eine einzige wahre Darstellung von ihnen«) andererseits die Mitte hält. Dass die Aktivitäten des Deutens und Verstehens genau in dieser Mitte ihren Spielraum finden, ist in der Geschichte der Hermeneutik wohl zum ersten Mal von Chladenius deutlich ausgesprochen worden.

Verstehen und Interpretieren sind menschliche Grundvollzüge, in denen die Welt der Texte und die Welt als Text erschlossen werden. Diese Einsicht wird im 18. Jahrhundert zum bildungsbürgerlichen Allgemeingut und mit ihr das Verstehen eines Textes zur Metapher für Lebensverhältnisse überhaupt. In den *Volksmärchen der Deutschen* von Musäus (1735-1787) finden sich sogar erotische Anwendungen: »Das zärtliche Paar hatte nun Zeit und Gelegenheit, alle Hieroglyphen ihrer geheimnisvollen Liebe zu entziffern und zu paraphrasieren, welches die angenehmste Unterhaltung gab, die jemals zwei Liebende miteinander gepflogen haben. Sie fanden, was sich unsere Exegeten wünschen sollten, daß sie den Grundtext immer richtig verstanden und interpretieret hatten, ohne jemals den wahren Sinn ihrer wechselseitigen Unterhandlungen zu verfehlen.«[39]

Der »wahre Sinn« des Gesagten oder Geschriebenen ist der methodische Brennpunkt der zahlreichen Aufklärungshermeneutiken. Diese Formel zielt auf dasjenige, was der Äußernde wirklich gemeint hat, auf die Autorintention oder auch die »mens auctoris« – die Gedankengänge beim Verfassen des Textes. Aus der Vielzahl wichtiger Autoren im 18. Jahrhundert greife ich Georg Friedrich Meier (1718-1777) und seinen *Versuch einer allgemeinen Auslegungskunst* (1757) heraus.[40] Meiers Hermeneutik begreift das Auslegen als eine vernunftgeleitete Tätigkeit mit universalem Anwendungsbereich. Ihren Wissenschaftscharakter erhält sie durch die Orientierung an allgemeinen Grundsätzen, deren oberster das Prinzip der »hermeneutischen Billigkeit« darstellt. An diesem Prinzip lässt sich zugleich exemplarisch zeigen, wie die Geschichtsschreibung der Hermeneutik von ihrem gegenwärtigen Selbstverständnis abhängt. In der lange Zeit dominierenden, von Dilthey über Heidegger zu Gadamer führenden Traditionslinie wurde Meier nämlich kaum beachtet. Seine Betonung der Autorintention und des rationalen, regelgeleiteten Charakters von Verstehensprozessen diskreditierte ihn als Ahnherrn einer Hermeneutik, für die das Verstehen primär als ein nicht in Regeln fassbarer Prozess des Sich-Einlassens auf die Überlieferung gilt. In jüngster Zeit mehren sich aber nun die Versuche, die allgemeine Verstehenstheorie mit entsprechenden Entwicklungen in der analytischen Philosophie zusammenzuführen, was Meier zu unverhoffter Aktualität verholfen hat. Denn der schon erwähnte rationalistisch-universalistische Zug seines Denkens, vor allem aber sein zentrales Konzept der hermeneutischen Billigkeit erscheinen nun als Vorwegnahme des »principle of charity«, das Autoren wie Quine, Davidson und Wilson in verschiedenen Versionen als zentrale Bedingung des Verstehens erscheint. Ich werde nun die Grundzüge von Meiers Hermeneutik auf das Billigkeitsprinzip hinführend darstellen.

Meiers *Versuch* beginnt mit einer entschiedenen Universalisierung des Geltungsbereiches hermeneutischer Verfahren. Die »Auslegungskunst im weitern Verstande« identifiziert er mit der »Wissenschaft der Regeln, durch deren Beobachtung die Bedeutungen aus ihren Zeichen können erkannt werden« (VaA, 5). Nur im engeren Sinn wird die Auslegungskunst auf sprachliche Zeichen beschränkt. Da Meier mit einem extrem weiten Zeichenbegriff arbeitet – »Ein Zeichen ist ein Mittel, wodurch die Wirklichkeit eines anderen Dinges erkannt werden kann« (VaA, 7) –, gibt es nichts auf der Welt, was nicht als Zeichen infrage käme. Gegenstandsbereich der Hermeneutik ist daher eigentlich die Wirklichkeit im Ganzen: ein Interpretationsuniversalismus, der – unter völlig anderen Vorzeichen – erst von Heidegger wieder vertreten worden ist. Für Meier ist der hermeneutische Grundbegriff der des Zeichens. Es gibt nun zwar zwei Klassen von Zeichen, nämlich willkürliche und natürliche. Jedes Zeichen hat aber einen Urheber: Willkürliche Zeichen werden von Menschen erzeugt, natürliche von Gott. Der Gottesbegriff dient Meier als methodische Brücke zu seinem »pansemiotischen« Weltverständnis. »GOtt ist der Urheber des bezeichnenden Zusammenhanges in dieser Welt; und es ist also ein jedwedes natürliches Zeichen eine Wirkung Gottes und in Absicht auf Gott ein willkürliches Zeichen [...].« (VaA, 17) Die Lesbarkeit der Welt ist dadurch verbürgt, dass sie einen göttlichen Autor hat. Deshalb kann Meier den Gedanken, der wahre Sinn liege in der Autorintention, auch auf natürliche Zeichen anwenden. Die Welt als Zeichenzusammenhang hat ihren wahren Sinn in dem, was Gott sich bei ihrer Erschaffung gedacht hat.

Eine Trennung von kultureller und natürlicher Realität ist unter dieser Prämisse gar nicht denkbar, weil eine göttliche Klammer menschliche Interpretationen und natürliche Realitäten miteinander verbindet. Die Natur erscheint bei Meier als ein Ganzes von Zweck-Mittel-Relationen, deren Pole sich wechselseitig bezeichnen können. Wenn allerdings die Vorstellung eines göttlichen Zweckgebers an Plausibilität verliert, schrumpft auch der Geltungsbereich der Hermeneutik wieder zusammen. Genau das ist im 19. Jahrhundert passiert, als Dilthey es unternahm, das Verstehen als eine spezifisch menschliche Aktivität auf die kulturelle Sphäre zuzuschneiden und scharf vom naturwissenschaftlichen Zugang zur Realität abzugrenzen. Dass freilich auch schon Meier genötigt war, die Parallele zwischen dem Verstehen natürlicher und willkürlicher Zeichen in einem zentralen Aspekt zu begrenzen, ergibt sich aus seiner Unterscheidung zwischen hermeneutischer und sachlicher Wahrheit.

Bei der Diskussion des Verstehens willkürlicher Zeichen – in erster Linie solcher sprachlicher Natur – führt er den Begriff der hermeneutisch wahren Bedeutung ein. Diese ist die »Absicht, um derentwillen der Urheber des Zeichens dasselbe braucht« (VaA, 10). Wenn »der Autor und sein Ausleger einerlei und eben dasselbe« (VaA, 50) denken, ist diese Absicht verstanden. Die hermeneutisch wahre Bedeutung (der wahre Sinn) kann aber dennoch sachlich falsch sein. »Da nun ein endlicher Autor betrügen und betrogen werden kann, so kann man von der hermeneutischen Wahrheit eines Sinnes nicht auf seine logische, metaphysische oder moralische Wahrheit allemal schließen.« (VaA, 47) Es ist zwar Meiers wichtigste Interpretationsmaxime, einen Autor so zu deuten, dass man ihm ein Maximum der letztgenannten Wahrheiten zuschreiben kann, aber diese Maxime gilt eben nur bis zum Beweis des Gegenteils. Bei Gott, dem Urheber der natürlichen Zeichen – und für den gläubigen Christen natürlich auch derjenigen willkürlichen Zeichen, aus denen die Heilige Schrift besteht –, ist die Distinktion zwischen hermeneutischer und logischer/metaphysischer/moralischer Wahrheit nicht sinnvoll zu treffen. Es widerspricht dem Begriff eines vollkommenen

Welturhebers, anzunehmen, er habe wohl subjektiv aufrichtig die Wahrheit aussprechen wollen, es allerdings nicht gekonnt. In Meiers Hermeneutik wird die ganze Welt zum Text, gleichzeitig werden dadurch jedoch die Texte endlicher Urheber defizitär gegenüber den natürlichen Zeichen, die »in dieser Welt die allervollkommensten« (VaA, 17) sind. Das Buch der Natur enthält keine Irrtümer, wohingegen in menschlicher Rede hermeneutische und sachliche Wahrheit auseinanderklaffen können. Die Universalisierung des Zeichen- und des Auslegungsbegriffs, wie sie Meier vornimmt, ist ambivalent: Sie wertet das Interpretieren als menschliche Aktivität auf, nimmt aber zugleich Maß an einem göttlich-idealen Zeichenzusammenhang.

Meiers Prinzip der hermeneutischen Billigkeit stammt aus diesem religiös-metaphysischen Zusammenhang und wird dann auch auf endliche Zeichenverwender angewendet. Zentral ist sein Begriff der Vollkommenheit, inspiriert von Leibniz' Idee, diese Welt sei die beste aller möglichen Welten. »Die hermeneutische Billigkeit ist die Neigung eines Auslegers, diejenigen Bedeutungen für hermeneutisch wahr zu halten, welche mit den Vollkommenheiten des Urhebers der Zeichen am besten übereinstimmen. [...] Ein Ausleger demnach, welcher die natürlichen Zeichen auslegen will, muß um der hermeneutischen Ehrerbietigkeit gegen GOtt willen diejenigen Bedeutungen für die wahren halten, aus denen, wenn sie wahr sind, folget, daß die natürlichen Zeichen die besten Zeichen sind und mit den Vollkommenheiten Gottes [...] am besten übereinstimmen.« (VaA, 18) Im Falle Gottes kann der Interpret bei diesem Verfahren davon ausgehen, dass zwischen hermeneutischer und sachlicher Wahrheit eine prästabilierte Harmonie besteht. Wie verhält es sich aber bei Texten mit endlichen, fehlbaren Urhebern? Auch hier gilt die Interpretationsregel der Maximierung von Wahrheit und Bedeutsamkeit, freilich mit einem entscheidenden Zusatz: »Ein Ausleger, welcher willkürliche Zeichen auslegt, muß diejenige Bedeutung für hermeneutisch wahr halten, welche so gut ist, so groß, reich an Inhalte, wahr, klar, gewiß und praktisch, als es sich will tun lassen, *bis das Gegenteil erhelle.*« (VaA, 37; Hervorh. M.J.) Darin besteht die hermeneutische Billigkeit.

Auslegungen müssen sich demnach generell an der Vermutung orientieren, dass hermeneutische Wahrheit und sachliche Bedeutung zusammenfallen, jedoch nur bis zum Beweis des Gegenteils. Die Unterstellung von Wahrheit und Sinnhaftigkeit ist demnach anders als beim Buch der Natur keine absolute, sondern revidierbar. Dennoch: Legt sich Meier hier nicht auf einen ungerechtfertigten Optimismus fest? Sein Billigkeitsprinzip wird im *Versuch* vor allem durch moralische und theologische Überlegungen gerechtfertigt: Es sei wegen der Liebe geboten und zudem der Vollkommenheit göttlicher Vernunft angemessen, an der die Menschen auf endliche Weise teilhaben. Darüber hinaus muss aber gefragt werden, ob es auch Gründe dafür gibt, dass dieses Billigkeitsprinzip die Wahrscheinlichkeit treffender Interpretationen steigert. Hier ist daran zu erinnern, dass Meier Zeichen als Mittel zu einem Zweck ansieht, nämlich dem des Bezeichnens. Nur wenn diese Mittel »klüglich erwählt« (VaA, 35) sind, kann der angestrebte Zweck auch realisiert werden. Das Billigkeitsprinzip besteht dann darin, einem Text und seinem Autor antizipierend zuzutrauen, dass der kommunikative Zweck auch erreicht werden kann. So viel Optimismus muss sein, so argumentiert Meier, wenn Verstehen möglich sein soll.

Besonders deutlich lässt sich das an Phänomenen wie Ironie und Metapher zeigen. In solchen Fällen gibt es häufig einen klaren wörtlichen Sinn, der aber eben gerade nicht das Gemeinte ist. Oliver Scholz bringt als Beispiel den Satz »Kurt ist ein Kamel«.[41] Wörtlich ist er leicht zu verstehen, wenn man Kurt kennt und weiß, was ein Kamel ist. Nur: Kurt ist offensichtlich kein Kamel, der Satz wörtlich genommen einfach falsch. Bliebe man dabei stehen, hätte man zwar eine wörtliche Bedeutung verstanden (und sie als falsch realisiert), gleichzeitig aber die Überzeugung aufgegeben, der Sprecher des Satzes handle kompetent und rational. Nur weil wir auch im Alltag immer schon ein solches Billigkeitsprinzip voraussetzen, gehen wir in solchen Fällen ganz ungezwungen zu einer zweiten, nun nicht mehr wörtlichen, sondern metaphorischen Bedeutung über. Wir unterstellen antizipierend weiterhin, der Sprecher habe seine Zeichen »klüglich erwählet«, gehen vor diesem Hintergrund Bedeutungsvarianten durch und entscheiden uns schließlich für diejenige, die am meisten »Sinn macht«. Meiers Prinzip der hermeneutischen Billigkeit stellt also die explizite Formulierung einer Regel dar, der Menschen implizit immer schon folgen müssen, wenn sie erfolgreich kommunizieren wollen.

Die Entdeckung der Individualität in Romantik und Historismus

Meiers Universalhermeneutik formuliert repräsentativ die hermeneutischen Positionen der Aufklärung. Diese ist in Deutschland in Nähe und Distanz immer auf die religiösen Strömungen der Zeit bezogen. Vor allem der Pietismus, eine auf religiöse Innerlichkeit und persönliche Erfahrung zielende Gegenströmung zum orthodoxen Protestantismus, spielt hier eine entscheidende Rolle. Halle, der Wirkungsort Meiers, ist im 18. Jahrhundert gleichzeitig das Zentrum des Pietismus. Und im pietistischen Denken bahnen sich hermeneutische Akzentverschiebungen an, die schließlich in die romantische Hermeneutik münden. Der rationalistische Charakter der Aufklärungshermeneutiken und ihr Universalismus treten zurück, in den Vordergrund schiebt sich das Verstehen einer auch affektiv geprägten Individualität. Beide Aspekte – der affektive wie der individuelle – finden sich ausgeprägt schon in den Schriften des berühmten Pietisten August Hermann Francke (1663-1727). In dessen hermeneutischen Arbeiten trägt ein Traktat von 1702 den Titel *CHRISTUS Der Kern heiliger Schrifft/ Oder/ Einfältige Anweisung/ wie man Christum/ als den Kern der gantzen heiligen Schrifft/ recht suchen/ finden/ schmäcken/ und damit seine Seele nähren/ sättigen und zum ewigen Leben erhalten solle.*[42] Hier geht es, völlig anders als in Meiers nüchternem Regelkanon, um emphatische und empathische Gefühle, in denen sich ein personales Verstehen verwirklichen soll. Mit dieser emotional-existentiellen Wende bahnen sich Veränderungen des hermeneutischen Feldes an, die die spezifische Frömmigkeit des Pietismus, ja sogar jede Form von Frömmigkeit überdauern werden.

Ideengeschichtlich zentral für den Übergang zur Romantik um die Wende zum 19. Jahrhundert ist dann aber die außerordentliche Wirkung Kants, der gezeigt hatte, dass der Optimismus eines Leibniz und Wolff, durch reinen Vernunftgebrauch die Wirklichkeit erschließen zu können, nicht begründet werden kann. Im frühen 19. Jahrhundert stellen sich daher die Themen der Hermeneutik neu: Der psychische und kulturelle Innenraum historisch gewordener Verhältnisse, nicht mehr ein universaler, Welt und Mensch übergreifender Zeichenzusammenhang erscheint als eigentlicher hermeneutischer Gegenstand.

Dieser Gegenstand wird allerdings vorerst unter dem Titel »Geist« gefasst, was ihn mit dem Schlüsselbegriff der idealistischen Philosophie verbindet. Der Gegensatz von Geist und Buchstabe hatte schon die frühe Hermeneutik geprägt, in den Interpretationslehren der Aufklärung dann aber keine wichtige Rolle gespielt. Nach der kantischen Kritik an der rationalistischen Welterklärung wird dem Geistbegriff nochmals eine steile Karriere zuteil. »Geist« als die allen symbolischen Äußerungen zugrunde liegende und sie zugleich transzendierende Tiefendimension gilt nun als dasjenige, was verstanden werden muss. Es ist schwer zu übersehen, dass sich in der »Nebelaura«[43] dieses Begriffs viele knifflige Interpretationsprobleme gut verstecken lassen. Andererseits erlaubt der vom Idealismus übernommene Geistbegriff auch eine Radikalisierung des hermeneutischen Projekts, indem er den unmittelbaren Sinn eines Textes als Ausdrucksphänomen begreifbar macht. Je konkreter dann nach dem Subjekt dieses Phänomens gefragt wird, desto mehr verblasst die vage Rede vom Geist und macht der Suche nach der Individualität des Autors Platz. Peter Szondi hat mit Recht darauf hingewiesen, dass damit die Hermeneutik eine historisch folgenreiche Wende von der *Auslegung* zum *Verstehen* vollzieht.[44] Natürlich bleiben Auslegung und Verstehen Wechselbegriffe; aber der Akzent verlagert sich doch vom Verfahren der richtigen Auslegung zum Verstehen dessen, was Dilthey später »Lebensäußerungen« nennt.

Drei Autoren vor allem repräsentieren die romantische Hermeneutik, wobei der dritte am meisten gewirkt hat: Ast, Schlegel und Schleiermacher. Friedrich Ast (1778-1841) vor allem, Schüler des Philosophen Schelling und Professor der klassischen Philologie, beschwört in seinen *Grundlinien der Grammatik, Hermeneutik und Kritik* (1808) unentwegt den Geist, insbesondere den Geist des klassischen Griechentums, den er als eine Art Gegengift gegen die in sich zerrissene moderne Zeit betrachtet. Ohne Geist keine Hermeneutik: »Alles Verstehen und Auffassen nicht nur einer fremden Welt, sondern überhaupt eines Anderen ist schlechthin unmöglich ohne die ursprüngliche Einheit und Gleichheit alles Geistigen und ohne die ursprüngliche Einheit aller Dinge im Geist. [...] Alle Deutung und Erklärung eines fremden [...] Werks setzt Verständnis nicht nur des Einzelnen, sondern auch des Ganzen dieser fremden Welt voraus, dieses aber wieder die ursprüngliche Einheit des Geistes.«[45] Die naheliegende Frage, wodurch sich diese Erkenntnis des Ganzen (der Einheit, des Geistes) denn legitimieren soll, führt Ast auf das Thema des hermeneutischen Zirkels:

»Das Grundgesetz alles Verstehens und Erkennens ist, aus dem Einzelnen den Geist des Ganzen zu finden und durch das Ganze das Einzelne zu begreifen. [...] Beide aber sind nur mit- und durcheinander gesetzt, ebenso, wie das Ganze nicht ohne das Einzelne, als sein Glied, und das Einzelne nicht ohne das Ganze, als die Sphäre, in der es lebt, gedacht werden kann. Keines ist also früher als das andere, weil beide sich wechselseitig bedingen und an sich Ein harmonisches Leben sind. [...] Der Zirkel, daß ich a, b, c usw. nur durch A erkennen kann, aber dieses A selbst wieder nur durch a, b, c usf., ist unauflöslich, wenn beide A und a, b, c als Gegensätze gedacht werden, die sich wechselseitig bedingen und voraussetzen, nicht aber ihre Einheit anerkannt wird, so daß A nicht erst aus a, b, c usf., hervorgeht und durch sie gebildet wird, sondern ihnen selbst vorausgeht [...].«[46]

Ast formuliert hier sehr klar, wie sich Teilbedeutung und Gesamtbedeutung beim Verstehen wechselseitig implizieren. Gleichzeitig weist er den Gedanken zurück, das Ganze (der Geist) könne durch die Folge der Einzelbedeutungen erst entstehen. Der Geist ist für Ast immer schon da, so dass das Zirkelproblem sich nur dem menschlichen Erkennen stellt. Die nachromantische und nachidealistische Hermeneutik wird sich diesen Rückgriff auf einen schon vorhandenen Gesamtsinn versagen müssen und das Zirkelproblem dann in einer neuen Perspektive bearbeiten.

Für Ast ist das Einzelne und Individuelle zwar idealistisch Ausdruck eines geistig Übergreifenden, als solcher aber eminent wichtig. Er betont deshalb, wie bedeutsam die »Erkenntnis des individuellen Geistes des Schriftstellers«[47] sei. Und diese Erkenntnis vollzieht sich – hier entwickelt Ast eine methodisch ungeheuer folgenreiche These – rekonstruktiv: »Das Verstehen und Erklären eines Werkes [ist] ein wahrhaftes Reproduzieren oder Nachbilden des schon Gebildeten.«[48] Textverstehen als Nachvollzug des Entstehungsprozesses: Diese Formel hat vielfältig gewirkt und eine *Philologisierung* der Hermeneutik – alles ist eben immer schon in den großen Texten da und muss nur im Nachvollzug erschlossen werden – ebenso befördert wie ihre *Psychologisierung*, die Konzentration auf die seelischen Prozesse des Autors beim Verfassen eines Textes.

Der philologische Gedanke dominiert die hermeneutischen Arbeiten Friedrich Schlegels (1772-1829), der davon überzeugt war, dass sich die Philosophie nur durch philologische Rückbesinnung aus der von Kant ausgelösten Krise des Vernunftvertrauens heraushelfen könne. Philologie heißt hier auch Anerkennung eines klassischen Maßstabs; die »vollendete natürliche Bildung der Alten«[49] soll Orientierung bieten, freilich im kritischen Bewusstsein ihrer Vergangenheit und Uneinholbarkeit. Eine ironische Brechung ist bei Schlegel immer mit im Spiel, selbst bei seiner Berufung auf die Antike: »Jeder hat noch in den Alten gefunden, was er brauchte oder wünschte; vorzüglich sich selbst.«[50] Es ist ein Wissen um die selektiven und projektiven Anteile des Verstehens, um produktives Missverstehen, um Unverständlichkeit als elementare Gegebenheit, wodurch Schlegel einen neuen Ton in die hermeneutische Debatte bringt. Mit Schleiermacher (1768-1834), dem wirkungsgeschichtlich mit Abstand bedeutendsten Hermeneutiker dieser Zeit, hatte Schlegel engen Kontakt. Seine Problematisierung des Verstehens wird von Schleiermacher noch radikalisiert. Setzte die bisherige Hermeneutik nämlich voraus, dass Verstehen normalerweise unproblematisch sei und man sich hermeneutisch daher auf die sogenannten dunklen Stellen konzentrieren solle, dreht er den Spieß um und geht »davon aus daß sich das Mißverstehen von selbst ergiebt und daß Verstehen auf jedem Punkt muß gewollt und gesucht werden«[51]. In dieser Umkehrung traditioneller Selbstverständlichkeiten reflektiert sich der Verlust jener religiös geprägten Hintergrundmetaphysik, die etwa bei Meier noch die Lesbarkeit aller Zeichen zu verbürgen hatte. Verständigung wird zu einem riskanten, mit der vollen Kontingenz menschlicher Verhältnisse belasteten Unternehmen.

Die enorme Wirkungsgeschichte der schleiermacherschen Hermeneutik ist fast vollständig von Diltheys Deutung dominiert worden. Bei Dilthey erscheint Schleiermacher als die schlechthin herausragende Figur, die zum erstenmal die Fäden der Tradition bündelt und ein einheitliches Theorieprojekt »Hermeneutik« entwirft. Dass diese Stilisierung an der historischen Situation vorbeigeht, habe ich schon mehrfach betont. Hinzu kommt, dass Dilthey in seinem Riesenwerk über das *Leben Schleiermachers* und in der kanonbildenden Darstellung zur *Entstehung der Hermeneutik* das verstreute Textmaterial nur lückenhaft heranziehen konnte. Vor allem in der letztgenannten Arbeit erscheint Schleiermachers Hermeneutik recht einseitig als ein psychologisches Verfahren des Nachbildens von Individualität. Diese Stilisierung wird Schleiermacher nicht gerecht, und zudem hat sie dazu beigetragen, die sachwidrige Kluft zwischen sprachorientierter Regelhermeneutik und psychologisierender Einfühlungshermeneutik zu vertiefen. Bei Schleiermacher sind aber beide Aspekte zusammengehörig: »[...] man kann ein Gesprochenes nicht verstehen ohne das Allgemeinste aber auch nicht ohne das persönlichste und besonderste.« (Her, 37)

Schleiermacher spricht hier vom »Gesprochenen«, weil der ursprüngliche Gegenstand der Hermeneutik für ihn die Rede, der mündliche Austausch ist. Verstehen hat seinen Sitz in konkreten Kommunikationssituationen und erst abgeleitet in der

Lektüre von Texten. Sprachliche Äußerungen sind Handlungen von Sprechern, die als »lebendiger Ausdrukk [...] hervorbrechender Lebensmoment als [...] That« (Her, 131) aufzufassen sind. Deshalb muss auch die Hermeneutik als Systematisierung einer elementaren praktischen Kompetenz verstanden werden, deren Ausübung Kommunikation erst möglich macht: »Jedes Kind kommt nur durch Hermeneutik zur Wortbedeutung.« (Her, 40) An die Stelle der traditionellen Unterscheidung zwischen klaren und unklaren Äußerungen – wobei Hermeneutik nur auf Letztere zielt – setzt Schleiermacher die universale Auslegungsbedürftigkeit von Sprache, die freilich in einer alltagspraktisch-routinemäßigen und in einer methodisch-expliziten Weise realisiert werden kann: »Der Unterschied zwischen dem kunstmäßigen und kunstlosen in der Auslegung beruht weder auf dem von einheimisch und fremd noch auf dem von Rede und Schrift, sondern immer darauf daß man einiges genau verstehen will und anderes nicht.« (Her, 81) Häufig vollzieht sich das Verstehen »nur um eines gewissen Interesses willen« (Her, 82) und ist dann zufrieden, wenn dieses pragmatische Ziel erreicht wird. Aber selbst in solchen Fällen können immer Missverständnisse auftreten, die dann den Übergang zu einem expliziten Verstehen motivieren. Genauigkeit ist nach dieser Einsicht eine kontextabhängige Größe, die, modern gesagt, von unseren Erkenntnisinteressen abhängig ist.

Ich habe schon darauf hingewiesen, dass Schleiermacher den individuellen und den allgemeinen Aspekt von Sprache in seiner Hermeneutik durchgängig aufeinander bezieht. Am deutlichsten zeigt sich das an einer wichtigen Unterscheidung, die er einführt, um das Verhältnis von Sprache, Denken und individuellem Autor zu klären. Er differenziert nämlich zwischen zwei Hauptmethoden des Verstehens, der grammatischen und der psychologischen[52] Interpretation:

»Wie jede Rede eine zwiefache Beziehung hat auf die Gesammtheit der Sprache und auf das gesammte Denken ihres Urhebers: so besteht auch alles Verstehen aus den zwei Momenten die Rede zu verstehen als herausgenommen aus der Sprache [grammatisch], und sie zu verstehen als Thatsache im Denkenden [psychologisch]. [...] Hiernach ist jeder Mensch auf der einen Seite ein Ort in welchem sich eine gegebene Sprache auf eine eigenthümliche Weise gestaltet, und seine Rede ist nur zu verstehen aus der Totalität der Sprache. Dann aber auch ist er ein sich stetig entwickelnder Geist, und seine Rede ist nur als eine Thatsache von diesem in Zusammenhange mit den übrigen. Das Verstehen ist nur im Ineinandersein dieser beiden Momente.« (Her, 76f.)

Schleiermacher stößt hier auf eine hermeneutisch fundamentale Gedoppeltheit des Sinnverstehens. Einerseits ist Sprache ein Allgemeines, sind die Bedeutungen der Wörter und die Formen ihrer Verknüpfung lexikalisch und grammatisch fixiert und für alle Mitglieder einer Sprachgemeinschaft verbindlich. Andererseits verwenden Menschen Sprache, um sich – ihre Wünsche, Bedürfnisse, Überzeugungen – in konkreten, einmaligen Situationen zu artikulieren. Dabei erzeugen sie individuelle Sinngebilde, die den Stempel persönlichen Ausdrucks ebenso deutlich tragen, wie ihnen der öffentliche Sprachgebrauch eingeschrieben ist. Das eine setzt das andere voraus und umgekehrt. In der schönen Formulierung Wilhelm von Humboldts: »Die Sprache ist das bildende Medium des Gedanken.«[53] »Bildend« ist die Sprache, weil sie dem Sprechenden die Ausdrucksmöglichkeiten vorzeichnet, »Medium des Gedankens« aber, weil sie nur in konkreten Artikulationen da ist: als Ausdruck – nicht Abbild – der spezifischen Erfahrung ihres Sprechers. Beide Aspekte, der grammatische und der psychologische, bestimmen in ihrer Zusammengehörigkeit den Gegenstand der Hermeneutik.

Dieser wichtige Punkt lässt sich durch einen Vergleich mit zwei Begriffspaaren illustrieren, die sich in Linguistik und analytischer

Sprachphilosophie eingebürgert haben: die von Ferdinand de Saussure (1857-1913) stammende Unterscheidung von »langue« und »parole« sowie das Schema »type«/»token«. In der Sprachwissenschaft Saussures meint »langue« das grammatische und semantische System einer Sprache, »parole« dagegen die Sprache als konkret gesprochene. Ähnlich wird in der analytischen Philosophie seit Charles Sanders Peirce (1839-1914) zwischen abstrakten sprachlichen Entitäten wie Wörtern und Sätzen einerseits (type) und ihrem konkreten Vorkommen (token) andererseits unterschieden. Hermeneutik hat es nun offensichtlich mit »parole« bzw. mit »token« zu tun. Gegenstand des Verstehens sind nicht lexikalische Wortbedeutungen oder grammatische Regeln, sondern mit deren Hilfe hervorgebrachte konkrete Äußerungen. Deren Verständnis setzt natürlich voraus, dass verstanden wird, zu welchem »type« ein konkretes »token« gehört. (Man würde sonst nur Geräusche hören, aber keine Wörter und Sätze.) Aber diese – in Schleiermachers Terminologie grammatische – Dimension reicht noch nicht aus. Verstehen liegt nach Schleiermacher gerade dort vor, wo der grammatische und der psychologische Aspekt aufeinander bezogen werden. Das unterscheidet den hermeneutischen Zugang vom linguistischen wie vom psychologischen Erkenntnisinteresse. Denn einerseits interessiert sich zwar auch die Sprachwissenschaft für konkrete »token«, die sie dann als Realisierungen eines durch syntaktisch-semantische Regeln bestimmten »type« erkennt. Dass und wie sich in diesen »token« menschliche Erfahrung artikuliert, bleibt dabei aber ausgeklammert. In einer psychologischen Einstellung werden andererseits die von einem Menschen hervorgebrachten Symboläußerungen als Indikatoren eines bestimmten Persönlichkeitsprofils behandelt. Schleiermacher betont hingegen, dass für die psychologische Interpretation »die Kenntniß des einzelnen Menschen als solchen« nur ein Mittel ist, »um uns eben der Thätigkeiten desselben [...] desto vollständiger zu bemächtigen« (Her, 151). Hermeneutik als das Integral von grammatischer und psychologischer Interpretation zielt eben gerade auf diejenigen spezifischen Sinnfiguren, die dem Gebrauch allgemeiner Mittel (Ebene des »type« bzw. der »langue«) durch ausdrucksbedürftige endliche Wesen entspringen.

Ich gehe deshalb so ausführlich auf den Gedanken der Zusammengehörigkeit beider Aspekte ein, weil Hermeneutik im Gefolge von Diltheys Schleiermacher-Deutung später häufig im Sinne einer Isolierung des psychologischen Aspekts aufgefasst worden ist. So entstand das Zerrbild einer sogenannten Empathiehermeneutik, die auf das Sich-Einfühlen von Seele zu Seele, auf ein methodisch unkontrollierbares menschliches Tiefenverständnis setzt. Ob es solche naiven Einfühlungshermeneutiker außer in den Augen ihrer Kritiker jemals wirklich gegeben hat, ist schwer zu entscheiden. Sachlich zentral bleibt aber, dass bereits Schleiermacher, der Ahnherr der diltheyschen Traditionslinie, in aller Klarheit Sprachverstehen und psychologisches Verstehen als zwei Seiten desselben hermeneutischen Projekts behandelt. Anders gesagt: Es geht immer um das Verstehen sprachlicher Gebilde als Ausdruck von individueller Erfahrung. Ein unmittelbares Verstehen unter Umgehung der symbolischen Ausdruckssphäre gibt es nicht, weil nur Äußerungen verstanden werden können, niemals reine Innerlichkeit.

Aus der Wechselbeziehung von grammatischer und psychologischer Interpretation ergibt sich für Schleiermacher auch die Bestimmung des hermeneutischen Verfahrens als reproduktiv: »[...] die Aufgabe der Hermeneutik [...] besteht [darin], den ganzen innern Verlauf der componirenden Thätigkeit des Schriftstellers auf das vollkommenste nachzubilden.« (Her, 135) Diese und ähnliche Formulierungen dürfen wiederum nicht so verstanden werden, als ginge es darum, die mentalen Zustände des

Autors X zum Zeitpunkt t zu rekonstruieren. Ziel der Rekonstruktionsbemühung ist eben gerade nicht eine psychische Innenwelt, sondern die »componirende Thätigkeit«, also jener Prozess, in dem syntaktische Regeln und lexikalische Bedeutungen im Dienst einer spezifischen Ausdrucksanstrengung verwendet werden. In diesem Zusammenhang erinnert Schleiermacher an die »Formel, die höchste Vollkommenheit der Auslegung sei die einen Autor besser zu verstehen als er selbst von sich Rechenschaft geben könne« (Her, 138). Dieser Formel könne man nur dadurch einen guten Sinn geben, dass man sie auf den Kompositionsprozess anwende. Das hermeneutische Verfahren ist im Idealfall dem Autor nicht etwa in Hinblick auf dessen Selbstverständnis überlegen – das wäre ein psychologistischer Fehlschluss mit ausgesprochen überheblichen Auswirkungen –, sondern hinsichtlich des expliziten Wissens um die Struktur des Kompositionsprozesses. Da die Komposition eines Textes weitgehend auf der Basis eines impliziten Wissens erfolgt – wer macht sich schon seinen persönlichen Stil klar oder überprüft sein Hintergrundwissen, bevor er zu reden oder zu schreiben beginnt –, kann die explizite Rekonstruktion des Kompositionsprozesses auch ein besseres Verständnis dieses Textes ermöglichen.

Die mehr technischen Ratschläge Schleiermachers lasse ich hier beiseite, um abschließend auf seine Diskussion des hermeneutischen Zirkels einzugehen. Schleiermacher nimmt ihn aus der Darstellung von Ast auf, gibt ihm aber einen neuen methodischen Akzent, indem er die Denkfigur des Zirkels bzw. Kreises durch die der Spirale ersetzt. Teil und Ganzes implizieren sich demnach beim Verstehen im Sinne einer mehrfach zu durchlaufenden und dadurch kumulativen gegenseitigen Verstärkung. »[...] dieses Geschäft des Verstehens und Auslegens ist ein stätiges sich allmählig entwikkelndes Ganze, in dessen weiterem Verlauf wir uns immer mehr gegenseitig unterstützen.« (Her, 140) Ein Satz wird gehört oder gelesen und erzeugt damit einen provisorischen Kontext, eine Vermutung, in welchen Zusammenhang er gehören könnte. Indem weitere Sätze hinzukommen, konkretisiert sich dieser Zusammenhang so, dass er mit fortschreitender Bestimmung auch auf das Verständnis der ersten, noch kontextarmen Äußerungen zurückwirkt. Damit beginnt ein neuer Zirkel, der im Idealfall die wechselseitigen Implikationen von Sinneinheit und Sinnzusammenhang korrigierend noch besser herausarbeitet, bis ein neuer, zum Bisherigen querstehender Satz oder die Vertrautheit mit einem noch umfassenderen Kontext eine erneute Revision erzwingt. »Betrachten wir nun von hier aus [vom hermeneutischen Zirkel] das ganze Geschäft des Auslegens: so werden wir sagen müssen, daß vom Anfang eines Werkes an allmählig fortschreitend das allmählige Verstehen alles Einzelnen und der sich daraus organisirenden Theile des ganzen immer nur ein provisorisches ist, [...] nur daß je weiter wir vorrücken desto mehr auch alles vorige von dem folgenden beleuchtet wird.« (Her, 144)

Aus dem geschlossenen Zirkel wird damit in Schleiermachers Hermeneutik eine offene Spirale aus wiederholten Deutungsgängen, die immer revisionsbereit gehalten werden müssen. Dies ergibt sich schon daraus, dass sich nicht definitiv bestimmen lässt, welcher Kontext, welches Ganze denn nun für ein adäquates Verständnis ausreicht. Schleiermacher betont, dass jeder Text in zwei Hinsichten in weitere Kontexte gestellt werden kann: nach seiner grammatischen und seiner psychologischen Seite. Den allgemeinen Kontext für das grammatische Verständnis bildet nichts Geringeres als das Insgesamt aller Äußerungen in der Sprache des Textes; im Hinblick auf das psychologische Verständnis wäre hier an den Individualcharakter des Autors, eingebunden in die Eigenheiten seines Herkunftsmilieus, an anthropologische Konstanten etc. zu denken. Kurz gesagt: Wenn Verstehensprozesse immer das große Ganze in Betracht ziehen müssten, kämen sie gar nicht erst in Gang. Der Kontext muss immer pragmatisch beschnitten werden. Weil aber ein vertieftes Verständnis stets auch die kontextuellen Anforderungen erweitert, sind hermeneutische Abschlüsse immer nur vorläufiger Art. Deshalb veralten Bücher, die über Bücher geschrieben werden, schneller als die Bücher, von denen sie handeln.

Schleiermacher rückt das Verhältnis von Text und Kontext, Teil und Ganzem, Individuellem und Allgemeinem ins Zentrum der Hermeneutik. Gegenstand des Verstehens sind konkrete Ausdrucksgestalten, in denen von allgemeinen Ausdrucksmitteln ein spezifischer Gebrauch gemacht worden ist, den es zu verstehen gilt. Diese Betonung des Spezifischen, historisch Konkreten ist im 19. Jahrhundert vor allem im sogenannten Historismus aufgenommen und weitergeführt worden. Gegen den Anspruch der sich rapide entwickelnden Naturwissenschaften, die Wirklichkeit im Ganzen durch Erfassung allgemeiner, die menschliche Geschichte übergreifender Gesetzmäßigkeiten zu erschließen, wurde im Historismus herausgestellt, dass alles menschliche Verhalten nur aus seinem geschichtlichen Kontext verständlich wird. Was historisch geworden ist, hätte sich auch anders entwickeln können, und insofern legt der Historismus auch eine relativistische Position nahe, die absolute Maßstäbe leugnet. Noch Diltheys Denken ist durch und durch von der historistischen Einsicht in die geschichtliche Kontingenz aller menschlichen Kulturformen geprägt.

Zwei Autoren aus diesem Umkreis sind für die weitere Entwicklung der Hermeneutik besonders wichtig geworden: der Altertumswissenschaftler August Boeckh und der Historiker Johann Gustav Droysen (1808-1884). August Boeckh ist, wie schon in der Einleitung betont, eine Schlüsselfigur für die Verbindung von Hermeneutik und Philologie. Seine einflussreichen, ein halbes Jahrhundert hindurch immer wieder gehaltenen Vorlesungen über *Encyklopädie und Methodologie der philologischen Wissenschaften* haben erheblich dazu beigetragen, jene »klassische« Konstellation zu schaffen, die heute nicht selten als eine Verengung des hermeneutischen Feldes kritisiert wird: die Liaison der Geisteswissenschaften mit einer hermeneutisch verfahrenden Philologie. Für Boeckh ist es selbstverständlich, dass die (klassische) Philologie das Paradigma des Verstehens kultureller Sinngestalten überhaupt abgibt. Der philologische Umgang mit Texten wird zum Muster für die Methodik der Geisteswissenschaften. Diesen Grundgedanken kombiniert Boeckh nun mit einer Universalisierung des hermeneutischen Zirkels. Die Aufgabe der Philologie bestehe nämlich im »Erkennen des vom menschlichen Geist Producirten, d.h. des Erkannten«[54]. Dieses zwangsläufig reproduktive Erkennen bezeichnet Boeckh als Verstehen.

Mit der Formel vom Erkennen des Erkannten liefert er eine ebenso griffige wie missverständliche Parole zur Abgrenzung des geisteswissenschaftlichen Denkens von den Naturwissenschaften. Gegenstand geisteswissenschaftlichen Verstehens sind stets Sinnstrukturen, in denen Wirklichkeit menschlich erschlossen und insofern auch »erkannt« ist. Missverständlich ist diese Formulierung aber schon wegen ihres kognitiven Akzents. Im Medium »Sinn« verhalten Menschen sich schließlich keineswegs nur erkennend, sondern mindestens ebenso sehr handelnd, bewertend und fühlend zur Realität. Die Formulierung »Verstehen des Verstandenen« wird dem wohl eher gerecht. Und noch in einem zweiten Sinn ist die boeckhsche Formel unklar: Sie suggeriert eine philologische Engführung der Hermeneutik. Wenn es immer um ein Erkennen des *Erkannten* geht, scheint die philosophische Reflexion über die Bedingungen des verstehenden Erkennens unnötig. Die philosophische Hermeneutik insistiert demgegenüber darauf, dass neben dem Verstehen des Verstandenen ein Verstehen des *Verstehens* gefordert ist; eine Aufgabe, die sich mit philologischen Mitteln allein nicht lösen lässt.

Deutlicher noch als Boeckh erfasst sein Schüler Droysen die Geschichtlichkeit aller menschlichen Verhältnisse. Sein Lebenswerk ist die *Historik*, wie er sie in Vorlesungen und Grundrissen immer wieder ausgearbeitet hat: der Versuch einer Grundlegung des historischen Denkens als verstehende Geisteswissenschaft. Die traditionelle Geschichtsschreibung wird bei Droysen durch den Gedanken überboten, dass »Geschichte« geradezu als Titel für das humanspezifische Wirklichkeitsverhältnis gebraucht werden kann: »Alles Werden und Sein *menschlicher* Dinge hat ein Moment an sich, das geschichtlicher Natur ist [...] und dies Moment ist das in menschlichen Dingen wichtigste, es ist das wesentlich menschliche.«[55] Der Geschichtlichkeit der menschlichen Dinge – im Unterschied zur Gesetzmäßigkeit der Natur – entspricht bei Droysen eine spezifische Erkenntnisweise, eben das Verstehen bzw. die Interpretation.

Seine *Historik* arbeitet immer wieder den Unterschied zwischen naturwissenschaftlichem Erklären und geisteswissenschaftlichem Verstehen heraus und beeinflusst damit die Methodendiskussion in den Geisteswissenschaften bis auf den heutigen Tag. Die Adjektive »verstehend« bzw. »hermeneutisch« sind seit Droysen zu Kennmarken des geisteswissenschaftlichen Denkens geworden und seither werden sie auch häufig verwendet, um methodisch auf Distanz zu naturwissenschaftlichen Erklärungen zu gehen. »Erklären« meint nach Droysen das Herleiten eines Sachverhalts aus kausal notwendigen Bedingungen, »Verstehen« die wechselseitige Erhellung eines Sinngebildes und seines historischen Kontexts. Dabei ist unübersehbar, dass er diese beiden Aspekte eben nicht als komplementär, sondern als miteinander unvereinbar betrachtet: »Wir erklären nicht. Interpretation ist nicht Erklärung des Späteren aus dem Früheren, des Gewordenen als ein notwendiges Resultat der historischen Bedingungen, sondern ist die Deutung dessen, was vorliegt, gleichsam ein Lockermachen und Auseinanderlegen dieses unscheinbaren Materials nach der ganzen Fülle seiner Momente, der zahllosen Fäden, die sich zu einem Knoten verschürzt haben, das durch die Kunst der Interpretation gleichsam wieder rege wird und Sprache gewinnt.«[56]

Diese schroffe Ablehnung kausaler Erklärungen in menschlichen Dingen hat nicht wenig dazu beigetragen, den Graben zwischen hermeneutischen Geistes- und gesetzesorientierten Naturwissenschaften zu vertiefen. Es ist daher sinnvoll, sich klarzumachen, wogegen Droysen sich richtet. Er attackiert nämlich in erster Linie den Gedanken, sinnhafte Strukturen könnten analog zu natürlichen Tatsachen aus der Kenntnis von Ausgangsbedingungen und Kausalfaktoren hergeleitet (d.h. erklärt) werden. Dies ist aber schon deshalb nicht möglich, weil nach Droysen im Bereich der Geschichte der »ganze Begriff der [...] objektiven Tatsache, die wir suchen sollen, ein völlig unklarer und willkürlicher [ist]; was als solche bezeichnet wird, ist in der Regel ein vielfach zusammengesetzter Akt, der der Natur der Sache nach ebenso viele Auffassungen gestattet, als er Seiten hat.«[57] Im Unterschied zu Naturtatsachen sind für Sinnstrukturen Interpretationen konstitutiv, und dieser Sachverhalt beeinflusst bereits die Bestimmung des Explanandums – also dessen, was überhaupt erklärt werden soll. Wer z.B. katholische und protestantische Darstellungen der Reformationszeit zur Hand nimmt, kann sich davon leicht überzeugen.

Daraus, dass Kausalerklärungen Verstehen und Interpretation von Sinnstrukturen nicht ersetzen können, folgt aber eben nicht, dass Verstehen und Erklären in einem ausschließenden Gegensatz stehen – doch in diesem ausschließenden Sinn hat man Droysens klassische Unterscheidung vielfach interpretiert. Oft verhalten sich erklärende und verstehende Verfahren komplementär, wie Dilthey am Beispiel einer Schlacht erläutert. Wer dieses Geschehen erfassen will, braucht hermeneutische Kompetenzen – etwa um aus Schriftzeugnissen die Motivationslage der Feldherren zu erschließen – genauso wie kausale Informationen über die Ballistik der verwendeten Geschosse, die klimatischen und geographischen Verhältnisse etc. In Droysens *Historik* tritt dieser Aspekt der Komplementarität gegenüber der Suche nach einer eigenständigen geisteswissenschaftlichen Methode zurück. Diese Suche treibt auch Dilthey ein Leben lang um.

3. Die pragmatische Wende: Von Dilthey zu Heidegger

Solange sich hermeneutische Reflexion an der Auslegung von Texten orientiert, lässt sich der Prozess des Verstehens als die gelingende *Reproduktion* vorhandenen Sinns begreifen. Dieses kognitive Modell verliert aber in dem Maße an Plausibilität, in dem Texte als Niederschlag von Lebenserfahrung gedeutet werden und sich damit der Akzent auf die *Produktion* von Sinn in der Interaktion von Mensch und Umwelt verlagert. Der Zusammenhang von Verstehen und Handeln tritt so ins Zentrum, die Hermeneutik pragmatisiert sich. Dieser folgenreiche Übergang vom Verstehen eines vorgegebenen Sinns zum Verstehen als praktische Orientierungsleistung ist mit einer Akzentverlagerung vom sekundären zum primären Verstehen verbunden und mit den Namen Wilhelm Dilthey und Martin Heidegger verknüpft. Während Dilthey einerseits, besonders in der mittleren Phase seines Denkens, auf eine neue, pragmatische Grundlegung der Geisteswissenschaften hinarbeitet, schreckt er doch andererseits vor diesem Ansatz wieder zurück und lehnt sich in seinem Spätwerk eng an die philologischen Disziplinen an. Da es überwiegend diese späten Texte sind, auf die seine hermeneutische Wirkung zurückgeht und wichtige, pragmatisch orientierte Arbeiten erst in den achtziger Jahren des 20. Jahrhunderts postum veröffentlicht werden konnten, ist Dilthey ganz überwiegend im Sinne der traditionellen Texthermeneutik rezipiert worden. Demgegenüber sollen hier die pragmatischen Aspekte seines Denkens herausgestellt werden, die Heidegger radikalisierend zu einer pragmatischen Wende der Hermeneutik weitergeführt hat.

Diltheys Hermeneutik der Lebenserfahrung

Grundmotive

Obwohl Dilthey völlig zu Recht als Klassiker des hermeneutischen Denkens gilt, spielt der Begriff der Hermeneutik in seinem Werk gar keine zentrale Rolle. Wie erklärt sich diese Spannung? Dilthey reserviert den Terminus »hermeneutische Wissenschaft« für die »Kunstlehre der Auslegung von Schriftdenkmalen«[58], während er seine eigenen, systematischen Überlegungen unter andere Titel bringt. So verfolgt er ein Leben lang das Projekt einer umfassenden Begründung der Geisteswissenschaften, verstanden als Kritik der historischen Vernunft. Dieses Projekt gewinnt nun im Lauf der Jahre immer mehr an »hermeneutischem« Profil. Dilthey nutzt nämlich die Grundbegriffe »Sinn«, »Bedeutung«, »Verstehen« und »Auslegung« über den technischen Methodensinn hinaus als Bezeichnungen für jenes humanspezifische Wirklichkeitsverhältnis, das dem kulturellen Raum seine Struktur gibt und ihn von der Natur unterscheidet. In der Einleitung habe ich drei verschiedene Bedeutungsebenen des Begriffs »Hermeneutik« unterschieden. Diese Differenzierung aufgreifend, lässt sich sagen, dass Dilthey *sachlich* von der philosophischen Methodenlehre (1) zur philosophischen Hermeneutik (2) – der Reflexion über die Rolle des Verstehens für unser Weltverhältnis – und zur hermeneutischen Philosophie (3) – der Bearbeitung philosophischer Grundfragen mit hermeneutischen Mitteln – gelangt, terminologisch aber immer dem traditionellen Modell (1) verhaftet bleibt.

Den Ausgangspunkt von Diltheys Denken bildet die Suche nach einem differenzierten Begriff menschlicher Erfahrung, der die Wissenschaften von der kulturellen Realität in ihrer theoretischen Eigenständigkeit vor den Übergriffen einer naturwissenschaftlich inspirierten Einheitsmethodologie sichern kann. Dieser Erfahrungsbegriff will der Tatsache Rechnung tragen, dass das menschliche Weltverhältnis primär eben nicht kognitiv-betrachtend, sondern vielmehr praktisch-verstehend ist. Wenn es – so argumentiert Dilthey, Droysens *Historik* sachlich weiterführend – eine genuin menschliche Weise gibt, sich auf die Realität zu beziehen, die nicht von außen, durch kausale Analysen, sondern nur von innen, durch hermeneutische Kategorien beschrieben werden kann, dann muss es auch eine Gruppe von Wissenschaften geben, deren Gegenstand die so erzeugten Sinnstrukturen sind. Dilthey ist der Auffassung, dass unsere lebensweltliche Erfahrung, vom Spracherwerb des Säuglings bis zu den differenziertesten Formen der Hochkultur, einen solchen, spezifisch verstehenden Charakter hat und insofern einen Wirklichkeitszugang eigenen Rechts bildet. Die beiden Fragen »Was ist das?« und »Was bedeutet es für mich (meine soziale Gruppe, die Gesellschaft, in der ich lebe, die menschliche Gemeinschaft)?« bilden hier eine Einheit, und »Kultur« ist für Dilthey einfach der Name für die vielfältigen, historisch, sozial und individuell höchst unterschiedlichen Ausdrucksformen dieses Phänomens.

Häufig ist bei ihm in diesem Zusammenhang von *innerer* Erfahrung die Rede, im Unterschied zur *äußeren.* Diese Ausdrucksweise ist missverständlich, denn Dilthey denkt keineswegs an ein Hineinhorchen ins eigene Ich, an eine isolierte Innensphäre oder ähnliches, vielmehr an Erfahrungen aller Art – auch solche anderer Menschen und äußerer Gegenstände –, sofern sie nicht aus der Perspektive eines neutralen Beobachters, sondern aus der Teilnehmerperspektive von Menschen gemacht werden, die an ihrem eigenen Leben interessiert sind. Diltheys »Innen« zielt auf die Perspektive der ersten Person, wobei sich der Schwerpunkt im Lauf der Werkentwicklung merklich von der ersten Person Singular, dem psychologischen Ansatz, auf die erste Person Plural, das soziale Wir, verlagert. Dabei bleibt in allen Wandlungen eine leitende Intuition erhalten: der Gedanke, dass jede Erkenntnistheorie, die die Perspektive der dritten Person einnimmt, die Phänomene verfehlen muss, in denen sich sozialer Sinn konstituiert. Diltheys Option für die Innenperspektive hat den methodischen Sinn, eine Reduktion der menschlichen Weltbeziehung auf kognitive Prozesse zu verhindern. Diesen reduktionistischen Ansatz macht er – nicht dem Begriff, wohl aber der Sache nach – der philosophischen Tradition zum Vorwurf. Das isolierte Erkennen ist nach Dilthey eine Abstraktion aus einem ursprünglichen Lebensverhältnis zur Wirklichkeit, in dem Gefühle und Willensimpulse mit Kognitionen unlösbar verwoben sind. In zwei berühmten Absätzen aus der *Einleitung in die Geisteswissenschaften* von 1883 macht er dies unmissverständlich klar:

»Ausschließlich in der inneren Erfahrung, in den Tatsachen des Bewußtseins fand ich einen festen Ankergrund für mein Denken [...]. In den Adern des erkennenden Subjekts, das Locke, Hume und Kant konstruierten, rinnt nicht wirkliches Blut, sondern der verdünnte Saft von Vernunft als bloßer Denktätigkeit. Mich führte aber historische wie psychologische Beschäftigung mit dem ganzen Menschen dahin, diesen, in der Mannigfaltigkeit seiner Kräfte, dies wollend fühlend vorstellende Wesen auch der Erklärung der Erkenntnis und ihrer Begriffe [...] zugrunde zu legen, ob die Erkenntnis gleich diese ihre Begriffe nur aus dem Stoff von Wahrnehmen, Vorstellen und Denken zu weben scheint. [...] Nicht die Annahme eines starren a priori unseres Erkenntnisvermögens, sondern allein Entwicklungsgeschichte, welche von der Totalität unseres Wesens ausgeht, kann die Fragen beantworten, die wir alle an die Philosophie zu richten haben.«[59]

Dieses Zitat ist in mehreren Hinsichten aufschlussreich. Es zeigt zunächst, wie Dilthey »phänomenologisch« vorgeht: Er will nicht »konstruieren«, wie dies traditionell getan wurde, sondern von den »Tatsachen des Bewusstseins« ausgehen. Aus diesem Blickwinkel zeige sich dann rasch die Lebensferne jeder Betrachtung des Erkennens, die dieses unabhängig vom Fühlen und Wollen behandelt – modern gesprochen: des Kognitivismus. Es gibt nach Dilthey überhaupt keine isolierten Kognitionen; »Vorstellen, Wille, Fühlen sind in jedem status conscientiae enthalten und sind in jedem Augenblick des psychischen Lebens fortgehende Äußerungen desselben in seiner Wechselwirkung mit der Außenwelt.«[60] Von dieser Einsicht aus stellt Dilthey in seinem späteren Werk den hermeneutischen Charakter des menschlichen Weltverhältnisses heraus: Weil Realität im lebensweltlichen – nicht aber im wissenschaftlichen – Erkennen zugleich gewollt und gefühlt wird, ist ihre Erkenntnis immer auch eine Deutung nach Maßgabe der sich im Fühlen und Wollen manifestierenden Lebensbedürfnisse. Der Ansatz bei der inneren Erfahrung führt sachlich fast zwangsläufig zur Kritik des Kognitivismus.

Gefühl und Wille lassen sich im Gegensatz zum Denken nicht als einheitliche Funktionen eines transzendentalen Erkenntnissubjektes denken, da sie sinnlogisch mit der je individuellen Perspektive von Menschen verknüpft sind. Ihre Anerkennung als Basis menschlichen Weltbezugs impliziert die Vervielfältigung von Sinn über den reinen Gegenstandsbezug hinaus. Anders gesagt: Wären Menschen reine Kognitionssubjekte, würden sie die Welt nicht deuten, sondern nur repräsentieren (zu Ende gedacht, könnten sie an solchen Repräsentationen dann aber auch gar kein Interesse mehr haben. Dieser Punkt spielt eine Schlüsselrolle für Diltheys »Pragmatismus«). Weil jedoch jeder Weltbezug durch Gefühl und Wille individuiert ist und die Lebensinteressen konkreter Menschen zum Ausdruck bringt, sind alle Lebensbezüge

Deutungen, die verstanden, aber auch missverstanden werden können.

Denken, Fühlen und Wollen stellen keine isolierten mentalen Module dar – sie sind keine »Vermögen«, wie die Psychologie des 19. Jahrhunderts sie genannt hat –, deren Weltbezug sich gewissermaßen aufaddierte. Entscheidend ist für Dilthey immer die Struktur, der von ihm ständig betonte Zusammenhang des psychischen und geschichtlichen Lebens, aus deren funktionaler Einheit erst relative Differenzierungen entspringen. Modern formuliert, ist Diltheys Erkenntnistheorie holistisch angelegt. Dieser Holismus der Erste-Person-Perspektive prägt auch seine Auseinandersetzung mit den Naturwissenschaften. Wenn nämlich die ursprünglich gegebene Erfahrung holistisch-verstehenden Charakter hat, erscheint die Perspektive der isolierten Kognition, die kausal analysierende Beobachterperspektive, als abgeleitet und untergeordnet. Die Perspektivendifferenz zwischen Geistes- und Naturwissenschaften wäre dann von einer einheitlichen Erfahrungsstruktur überwölbt. Andererseits sieht Dilthey auch, dass der genetische Primat lebensweltlicher Erfahrung kein Argument gegen die Eigenständigkeit des kausal-nomologischen Weltzugangs darstellt. Und so schwankt er beständig zwischen einem Ansatz, in dem die Innenperspektive den metaphilosophischen Rahmen auch für die Naturwissenschaften abgibt, und einem Komplementaritätsmodell, das den hermeneutischen Ansatz auf die Geisteswissenschaften begrenzt und diese den Naturwissenschaften als eigenständigen Bereich gegenüberstellt.

Die Differenz zwischen diesen beiden Modellen kann in ihren Grundzügen mit der Unterscheidung zwischen philosophischer Hermeneutik und hermeneutischer Philosophie parallelisiert werden, und auch in dieser Hinsicht ist das oben gedruckte Zitat instruktiv. Solange Dilthey gegen den Kognitivismus der Tradition den »ganzen Menschen« stellt und den verstehenden Weltzugang des Letzteren analysiert, betreibt er philosophische Hermeneutik, wohlgemerkt nicht im Sinne seiner eigenen Terminologie, sondern aus der retrospektiven Sicht jener dreigliedrigen Differenzierung, die ich oben eingeführt habe.[61] Wenn er sich hingegen, wie am Schluss des Zitats, von der Analyse der inneren Erfahrung inhaltliche Aufklärung über philosophische Sachfragen erhofft, dann postuliert er darüber hinaus eine hermeneutische Philosophie als Nachfolgeinstanz jener kognitivistischen Metaphysik, die er irreversibel am Ende angekommen sieht. »Daß in der inneren Erfahrung und dem entsprechenden Verstehen Anderer Wirklichkeit, ja die einzige volle Realität, die wir besitzen, gegeben« sei, wie Dilthey formuliert, ist ersichtlich mehr als nur der »erste Teil der Erkenntnistheorie der Geisteswissenschaften«[62] – es ist eben auch das Programm einer hermeneutischen Philosophie.

Mit diesem methodischen Programm verbindet sich eine inhaltliche Akzentuierung, die die weitere Entwicklung des hermeneutischen Denkens ebenfalls entscheidend geprägt hat. Dilthey betrachtet die historischen und psychologischen Sinnstrukturen, auf die sich die Geisteswissenschaften beziehen, nicht als selbständige Gebilde, sondern als Ausdruck eines Prozesses, in dem Sinn zwar erst entsteht, der aber selbst eine Grenze des Sinns darstellt. Diesen Prozess nennt er »Leben«, und seine knappste Formel für das eben skizzierte Verhältnis lautet: »Das Leben artikuliert sich.«[63] Mit ihr geht Dilthey freilich über den wichtigen Unterschied zwischen vorrationaler Ausdrucksbedeutung – z.B. im unbewussten Mienenspiel eines Menschen – und bewusster, rational kontrollierbarer Artikulation einfach hinweg. Die Tilgung dieser Differenz verbindet ihn mit anderen Vertretern der sogenannten Lebensphilosophie, zu denen so unterschiedliche Denker wie Nietzsche, Bergson, Simmel und Klages zählen. Die Kritiker solchen Denkens, allen voran Georg Lukács, haben darin eine Kapitulation der Vernunft, letztlich einen gefährlichen Irrationalismus sehen wollen. Tatsächlich ist Dilthey insofern zumindest kein Rationalist, als er dem Denken seine Selbständigkeit im menschlichen Weltbezug bestreitet – was ja schon in der Konsequenz seines epistemischen Holismus liegt. Von der dunklen, unerschöpflichen Tiefe des Lebens geht bei Dilthey aber kein irrationalistischer Sog aus, weil sie nicht als Quelle vorhandenen Sinns, sondern als Ausgangspunkt für die Schaffung von verstehbaren Sinngestalten betrachtet wird. Sein hermeneutischer Optimismus lässt den Gedanken an ein problematisches »Zwischenreich« präratinaler Ausdrucksgestalten, das die Psychoanalyse seit Freud umtreibt, gar nicht erst aufkommen.

Leben hat für Dilthey elementar den Charakter eines Zusammenhangs, einer zeitlich gerichteten Verlaufsform. Das Ganze, der artikulierte Lebenszusammenhang, bestimmt die Bedeutung des neu Erfahrenen, während dieses wiederum zur Fortbestimmung, manchmal sogar, wie im Fall religiöser Konversionen, zur radikalen Neuinterpretation des Zusammenhangs beiträgt. Die Figur des hermeneutischen Zirkels ist hier, wie schon bei Schleiermacher, dem Dilthey eine umfangreiche Biographie und Werkdarstellung gewidmet hat, zu einer Folge von Kreisbewegungen weiterentwickelt. Ein weiteres Grundmotiv Diltheys, das ihn mit dem Historismus verbindet, schließt hier an: die Geschichtlichkeit des Lebens, seine Einbettung in individuelle und historische Verlaufszusammenhänge. »An jedem Punkt der Geschichte ist Leben. Und aus Leben aller Art in den verschiedensten Verhältnissen besteht die Geschichte. Geschichte ist nur das Leben, aufgefaßt unter dem Gesichtspunkt des Ganzen der Menschheit, das einen Zusammenhang bildet.«[64] Geschichte kann es nur geben, weil der Lebenszusammenhang individueller Menschen den Grundcharakter der Geschichtlichkeit hat. Dieser Aspekt spielt dann in Heideggers Hermeneutik eine zentrale Rolle. Umgekehrt ist aber auch jedes Individuum kraft seiner Geschichtlichkeit in überindividuelle historische Sinnzusammenhänge (Traditionen) hineinverwoben, über die es keine Verfügungsmacht hat und die dennoch die Art seines Verstehens prägen. Und diese Einsicht ist es, die in Gadamers Traditionshermeneutik ihren prominenten Ort findet.

Pragmatische Hermeneutik?

Die Prozesse, in denen verstehbare Bedeutungen entstehen, müssen nach Dilthey als Momente innerhalb einer übergreifenden Grundstruktur aufgefasst werden, die er »Leben« nennt. Der humanspezifische Weltbezug, zu dessen Verteidigung die Theorie der Geisteswissenschaften dienen soll, ist demnach nicht durch eine ontologische Kluft vom nichtmenschlichen Leben getrennt. Man kann ihn als die folgenreiche Binnendifferenzierung einer organismischen Funktionseinheit auffassen, die vom Reiz über die Verarbeitung zur Reaktion verläuft und im späten 19. Jahrhundert häufig als »Reflexbogen« bezeichnet wurde. Der handelnde Weltzugang, die Praxis, rückt für diese Auffassung ins Zentrum. Dilthey hat vor allem in seinen Schriften der neunziger Jahre nach einer handlungstheoretischen Fundierung der Geisteswissenschaften gesucht und sich dabei stark dem amerikanischen Pragmatismus angenähert. Die Idee einer Interaktionseinheit zwischen Mensch und Umwelt mit den drei Aspekten »Reiz«, »Verarbeitung« und »Reaktion« ist für ihn in dieser Zeit genauso fundamental wie etwa für den Pragmatisten John Dewey (1859-1952). In der bekannten Arbeit *The Reflex Arc Concept in Psychology* von 1896 kritisiert Dewey mechanistisch-reduktionistische Konzeptionen dieser Interaktionseinheit und plädiert für ein holistisches Verständnis menschlichen Verhaltens, das deutlich an die Idee des hermeneutischen Zirkels erinnert: Reiz und Reaktion sind nicht kausal verkoppelt, sondern Strukturmomente eines sinnverstehenden Handelns. Derselbe, Hermeneutik und Pragmatismus miteinander verbindende Grundgedanke trägt auch die Arbeiten von Diltheys zeitweiligem Schüler George Herbert Mead (1863-1931), dem Interaktionstheoretiker und Sozialpsychologen. »Geistigkeit«, so formuliert Mead in *Geist, Identität und Gesellschaft*, »ist jene Beziehung des Organismus zur Situation, die durch Symbole vermittelt wird.«[65] Auch Diltheys Rede von dem sich artikulierenden Leben zielt in diese Richtung, d.h. auf die Einbettung des Sinnverstehens in einen organismisch basierten Mensch-Umwelt-Zusammenhang. In der Dilthey-Rezeption des 20. Jahrhunderts sind diese Züge seines Denkens jedoch weitgehend ausgeblendet worden. Ihre hermeneutische Relevanz ist dennoch offensichtlich, zumal dann, wenn man an Heideggers sachlich hier anknüpfende Neubestimmung des praktischen Verstehens denkt.

»Das Leben«, so schreibt Dilthey in dem nachgelassenen Fragment *Leben und Erkennen*, erleben wir von innen, »und es ist uns doch ein Rätsel. Aber wir wissen, wie es auftritt und sich darstellt. Es ist, wo eine Struktur besteht, welche von Reiz zur Bewegung geht. Dieser Fortgang von Reiz zur Bewegung ist überall an die Erscheinung eines Organischen gebunden.«[66] Das Grundverhältnis besteht in jenem Funktionskreis, durch den ein Organismus mit seiner Umwelt interagiert, um seine Bedürfnisse zu befriedigen. Gäbe es keine Bedürfnisse, hätten wir auch keine Triebe und mithin keine individuelle Perspektive, um die Wirklichkeit nach Maßgabe ihrer Zu- oder Abträglichkeit zu bewerten. Um auf einen früheren Gedanken zurückzukommen:[67] Ein rein kognitives Weltverhältnis wäre gar keines, weil allein der organismische Bedürfnischarakter des Lebens den Funktionskreis von Reiz, Deutung und Reaktion in Gang setzt. »Die

Vorgänge von Wahrnehmung und Denken, welche sich zwischen den Reiz und der Willensreaktion auf den höheren Stufen des Lebens einschalten, erweitern und vermannigfachen sich nur in diesem Zusammenhang mit dem Triebleben.«[68] Und Dilthey lässt keinen Zweifel daran, dass auch die komplexesten Gestalten des kulturell erzeugten Sinns in dieses Grundmuster eingespannt bleiben. Menschen sind Organismen, in deren qualitativem Erleben ihre Interaktionen mit der Umwelt gedeutet und bewertet werden, bevor es überhaupt zu sprachlichen Äußerungen kommt. Alle höheren Kognitionen sind von diesen handlungsbezogenen Bewertungen gerahmt. Das Denken ist, so schreibt Dilthey in seiner *Ethikvorlesung*, »nur eine Einschaltung zwischen Reiz und Reaktion: es muß in Handlung umgesetzt werden. Darauf beruht das Spiel des Kindes wie die gesamte Kultur.«[69]

Dilthey selbst hat die hermeneutischen Konsequenzen dieses Gedankens nie weiter ausgeführt und sich in seinen späteren Arbeiten wieder stärker einer immanenten Betrachtung der kulturellen Wirklichkeit zugewandt. Es kann aber sachlich keinen Zweifel daran geben, dass seine Erwägungen zur Einbettung von Sinn in Erlebnis- und Handlungszusammenhänge eine pragmatische Wende der Hermeneutik einleiten, und unter diesem Aspekt sind sie, zuerst vom frühen Heidegger, auch gedeutet worden. Wenn nämlich der praktische Lebenszusammenhang als das Primäre angesetzt wird, in dem es durch zielgerichtete Handlungen ein Gleichgewicht zwischen dem Milieu und den eigenen Bedürfnissen zu erzielen gilt, dann verschiebt sich der Fokus des hermeneutischen Denkens auf das praktische Verstehen, das Können. Dilthey spricht hier von einer »immanenten Teleologie« als »Ausdruck der Lebendigkeit, welche die gegebenen Lebenseinheiten überschreitet und auch die Dinge sich interpretiert«[70]. Die Welt des sozialen Sinns büßt ihre Abgeschlossenheit ein und erscheint als Moment innerhalb eines Interaktionszusammenhangs zwischen Individuen, sozialen Gruppen und Umweltbedingungen, damit aber eben auch als Teil der natürlichen Welt. Es klingt zwar ungewöhnlich, ist aber der Sache nach völlig gerechtfertigt, Dilthey als Vorläufer einer naturalistischen Hermeneutik zu bezeichnen. »Naturalistisch« hat hier allerdings nicht den Sinn von »durch naturwissenschaftliche Methoden erschließbar«, sondern läuft einfach darauf hinaus, Sinnstrukturen und qualitatives Erleben als unverdächtige Bestandteile der natürlichen Wirklichkeit zu behandeln, wie dies etwa auch im nichtszientifischen Naturalismus John Deweys geschieht.

Mit Diltheys dynamischem, ausdrucksbezogenem Modell ändert sich dann auch der Status jener Sinngebilde, auf die sich die Geisteswissenschaften verstehend beziehen: Sie erscheinen als Niederschlag eines primären, produktiven Verstehens, in dem Menschen den Sinn ihres Weltbezugs artikulierend bestimmen. Und dieses Verstehen ist einer ständigen, freilich immer indirekten, Bewährungsprobe unterworfen, weil es bei den Mitmenschen und im umgebenden Milieu Reaktionen korrigierenden oder bestätigenden Charakters auslöst. »Alle unsere Handlungen«, sagt Dilthey, »sind Experimenten zu vergleichen [...].«[71] Dieser Gedanke lässt sich dahin ausbauen, dass unsere Deutungen der Wirklichkeit über ihre handlungsleitende Funktion auf die Umwelt einwirken und uns gerade dadurch mit deren Widerstand und Eigenständigkeit konfrontieren. In der Grunderfahrung von Impuls und Widerstand sieht Dilthey – womit er Freud erstaunlich nahekommt – die Bedingung für das Zustandekommen einer realitätsgerechten Selbst- und Weltdeutung.

Der hermeneutische Ertrag solcher Einsichten liegt vor allem in einer Relativierung des reproduktiv-sekundären zugunsten des produktiv-primären Verstehens. Schon vorhandene Sinngebilde (die kulturellen Traditionen) sind im pragmatisch-produktiven Verstehen Ressourcen für die Deutung aktueller Handlungszusammenhänge. Das produktive Verstehen unterstellt also die Aneignung der Tradition dem Kriterium ihrer Tauglichkeit für die Bewältigung der Gegenwart. Darüber hinaus tritt durch das pragmatische Denken in den Vordergrund, dass es auch Weisen des Verstehens gibt, die nicht textförmig sind, sondern ihren Ausdruck in praktizierten Handlungsmustern finden: im »knowing how« im Unterschied zum »knowing that« des theoretischen Verstehens.

Erlebnis, Ausdruck und Verstehen

Mit der hier schon öfter erwähnten Arbeit *Die Entstehung der Hermeneutik* (1900), die eine frühe Studie über Schleiermacher aufgreift, treten bei Dilthey explizit hermeneutische Fragen wieder in den Mittelpunkt. Über das Historiographische hinaus geht es ihm um die systematische Bedeutung des Verstehens und Interpretierens in den Geisteswissenschaften. Und er präzisiert seine Konzeption der holistischen inneren Erfahrung in einem entscheidenden Aspekt: Konnte es in den früheren Studien zur *Einleitung in die Geisteswissenschaften* gelegentlich noch so scheinen, als ob das »innerlich«, d.h. aus der Perspektive der ersten Person Gegebene durch intuitives Einfühlen verständlich werden könnte, macht er jetzt unzweideutig klar, dass Verstehen immer indirekt ist. Es bezieht sich auf die Symbole, in denen sich das Leben artikuliert, niemals auf dieses selbst in seiner Unmittelbarkeit.

In diesem Sinne definiert Dilthey in der *Entstehung*: »Wir nennen den Vorgang, in welchem wir aus Zeichen, die von außen sinnlich gegeben sind, ein Inneres erkennen: *Verstehen*.«[72] Verstehen bezieht sich auf Zeichen, die es freilich dann als Ausdruck eines Inneren deutet, das durch diesen Ausdruck zugänglich wird – zugänglich aber eben nicht als ungefiltertes, qualitatives Erleben, dessen man inne wird, sondern als gestaltete, in eine symbolische Form gebrachte persönliche Erfahrung. Wenn keine Zeichen vorliegen, gibt es nichts zu verstehen. Man kann sich in andere genauso wenig direkt einfühlen wie in sich selbst. Dilthey macht es am Beispiel des Ausdrucks »Ich verstehe nicht, wie ich so handeln konnte« deutlich. Damit ist nicht gemeint, dass ich bei der inneren Versenkung in meine Motive erfolglos bleibe, vielmehr »daß eine Äußerung meines Wesens, die in die Sinnenwelt getreten ist, mir wie die eines Fremden gegenübertritt und daß ich sie als eine solche nicht mehr zu interpretieren vermag«[73]. Verstehen ist immer Teil einer dreigliedrigen Struktur, in der ein Inneres sich symbolisch objektiviert und diese Objektivation dann als Ausdruck des Inneren verstanden werden kann. Geist ist nach diesem Verständnis immer verkörpert und expressiv: semantischer Gehalt und physische Realisierung gehören zusammen. Erst durch das Sich-Ausdrücken kann das Bewusstsein Klarheit über seine Gehalte gewinnen. Diese Grundstruktur ist nach Dilthey zwar für den spezifisch menschlichen Weltzugang schlechthin konstitutiv, sie wird aber erst dann wissenschaftsfähig und objektiv kontrollierbar, wenn es sich um fixierte Lebensäußerungen handelt. Der Unterschied etwa zum mündlichen Dialog besteht darin, dass man durch die Fixierung – Dilthey denkt hier an Verschriftlichungen; Videoprotokolle von Gesprächen o.ä. erfüllen freilich prinzipiell den gleichen Zweck – immer wieder auf die entsprechende Sinnfigur zurückkommen und sie so in wiederholten Durchgängen in ihren Nuancen immer besser erfassen kann. »Solches kunstmäßige Verstehen von dauernd fixierten Lebensäußerungen nennen wir Auslegung oder Interpretation.«[74] Diesen methodischen Interpretationsbegriff verbindet er nun ganz traditionell und philologisch mit dem Primat der Schriftkultur und folgert, dass die »Kunst des Verstehens ihren Mittelpunkt in der Auslegung oder Interpretation der in der

Schrift enthaltenen Reste menschlichen Daseins hat«[75]. Dementsprechend bestimmt er die »hermeneutische Wissenschaft« als die »Kunstlehre der Auslegung von Schriftdenkmalen«[76]. Besonders in den handschriftlichen Zusätzen zu diesem Text hat Dilthey aber deutlich gemacht, dass ihm dieser enge Begriff von Hermeneutik eigentlich zur Exemplifizierung des geisteswissenschaftlichen Wirklichkeitszugangs dienen soll. Der methodische, wenngleich auf individuelle Erfahrung angewiesene Vollzug des philologischen Verstehens ist das Exempel, an dem Dilthey die Struktur innerer Erfahrung ausarbeiten und wissenschaftsfähig machen möchte.

Im letzten Jahrzehnt seines Lebens hat Dilthey, angeregt durch seine Hegel-Studien und die Auseinandersetzung mit Edmund Husserls Phänomenologie, einen neuen Anlauf zur Begründung der Geisteswissenschaften unternommen, in dem das hermeneutische Vokabular dominiert. Der Fragment gebliebene *Aufbau der geschichtlichen Welt in den Geisteswissenschaften* mit seinen zahlreichen Zusätzen dokumentiert diesen Versuch. Dilthey geht es hier darum, die innere Erfahrung, den Grundbegriff der frühen Jahre, konsequent als dreistufigen hermeneutischen Prozess zu denken und gleichzeitig über das Mittelglied dieses Prozesses, die objektivierte Ausdrucksgestalt, den Gegenstandsbezug der Geisteswissenschaften zu präzisieren. Dabei greift er auf die Grundstruktur des Lebensprozesses zurück, wie er sie dem Reflexbogenkonzept der biologisch orientierten Psychologie entnommen hat, baut diese hermeneutisch aus und drängt dabei die vitalistisch-organismische Komponente stark zurück, wohl weniger aus sachlichen denn aus abgrenzungsstrategischen Gründen. So ist dann in der Rezeption Dilthey merkwürdigerweise zum Kronzeugen eines starren Methodendualismus von hermeneutischem Verstehen und kausalem Erklären geworden, obwohl er die enge Bezogenheit beider Ansätze wiederholt herausgestellt hat.

Im *Aufbau* variiert Dilthey immer wieder ein Schema, das seitdem zu einem klassischen Grundmuster hermeneutischen Denkens geworden ist: die Trias von Erlebnis, Ausdruck und Verstehen, die als eine Art geisteswissenschaftlicher Domestizierung des Handlungsschemas von Reiz, Verarbeitung und Reaktion begriffen werden kann. In den Naturwissenschaften ist, so argumentiert Dilthey, die Menschheit als »physische Tatsache gegeben«. Dieser Auffassungsweise entgeht jedoch die eigentümliche Innenperspektive der kulturellen Realität, die entsteht, »sofern menschliche Zustände erlebt werden, sofern sie in Lebensäußerungen zum Ausdruck gelangen und sofern diese Ausdrücke verstanden werden«. Der genannte sinnlogische Dreischritt ist aber, wie Dilthey ständig betont, nur von seinem Zusammenhang her verständlich, nicht als Summe seiner Komponenten. Das Hermeneutische liegt in jenem »Zusammenhang von Erleben, Ausdruck und Verstehen«, durch den »die Menschheit als geisteswissenschaftlicher Gegenstand für uns da ist«[77]. »Sinn« kann für Dilthey nichts Einzelnes haben, sondern nur das Zusammenspiel von einzelner Äußerung und übergreifendem Kontext. Diese Einsicht wird in der modernen Philosophie als »semantischer Holismus« bezeichnet.

Welchen genauen Sinn haben die Begriffe, mit denen Dilthey hier arbeitet, wenn man sie als Charakterisierungen der Phasen eines holistischen Geschehens verstehen muss? »Erlebnis« bezeichnet dann den Aspekt des subjektiv-individuell Gegebenen im Prozess der Erfahrung: Sinnesdaten, eigenleibliche Empfindungen, Erinnerungsfragmente etc., wie sie im Strom des Bewusstseins als phänomenale Qualitäten auftauchen und wieder verschwinden. »Ausdruck« meint jene Phase menschlicher Erfahrung, in der das so »Erlebte« durch Schaffung eines ihm angemessenen symbolischen Ausdrucks – hier verwischt Dilthey wieder die Differenz zwischen unbewusstem Ausdrucksverhalten und bewusster Artikulation – verarbeitet wird. Und »Verstehen« schließlich ist diejenige Prozessphase, in der solche Zeichen *als* Erlebnisausdrücke verstanden und damit wieder in den Kreislauf der Erfahrung eingespeist werden. Verstehen sei »an sich eine dem Wirkungsverlauf selbst inverse Operation«[78]; invers deshalb, weil es darauf beruht, dass die Sinnrichtung der ursprünglichen Ausdrucksbildung umgekehrt wird. Verstehen ist das Spiegelbild des Sich-Ausdrückens: Es arbeitet sich vom Symbol zu der gelebten Erfahrung zurück, für die das Symbol steht, kann aber so wenig wie der Ausdruck selbst die Spannung zwischen dem qualitativ Erlebten und der fixierten Form des Symbols auflösen. Diltheys reife Hermeneutik ist von der Einsicht in diese unaufhebbare Spannung innerhalb des Lebenszusammenhangs durchdrungen. Es gibt, so heißt es im *Aufbau*, »nichts Seltsameres als die Art von Zusammenhang, die wir als ein Stück Lebensverlauf kennen«, denn das, worauf das Verstehen stößt, ist immer »Gestalt und nicht Leben«[79] – aber eben eine Gestalt, in der gerade das Leben sich ausdrückt.

Der Strukturzusammenhang von Erlebnis, Ausdruck und Verstehen stellt für Dilthey eine Art anthropologischer Konstante dar, und infolgedessen besteht eine Kontinuität der Verstehensstruktur von der alltagspraktischen Verständigung bis zur expliziten Interpretation etwa eines Gedichts. Die elementaren Formen des Verstehens erwachsen aus den »Interessen des praktischen Lebens [...]. Einer muß wissen, was der andere will.«[80] An dieser Stelle zeigt sich auch, wie der hermeneutische Strukturzusammenhang dem Handlungskreis entspringt: Verständigung ist ursprünglich durch das Bedürfnis motiviert, zielgerichtete Handlungen zu koordinieren. Dilthey versucht dann zu zeigen, wie sich aus diesen elementaren Strukturen höhere Formen des Verstehens herausbilden. Entscheidend ist dabei die Komplexität sozialer Verhältnisse, die den Interaktionszusammenhang zwischen der Äußerung eines Ausdrucks und seinem Verstehen auflöst. Damit verschiebt sich der Fokus des Verstehens von den Lebensimpulsen des Sprechers auf den objektiven Sinngehalt seiner Äußerungen.

Durch den Übergang vom zweigliedrigen Schema seiner früheren Arbeiten (Erfahrung/Innewerden) zur hermeneutischen Trias von Erlebnis, Ausdruck und Verstehen kann Dilthey die Gefahr einer psychologistischen Reduktion von Sinn auf die Intentionen konkreter Sprecher vermeiden. Im Spätwerk verhält es sich eher so, dass das individuelle Leben als Moment innerhalb des Strukturzusammenhangs »Leben« erscheint, dessen Eigentümlichkeit eben in der ständigen Umsetzung von Gelebtem in objektive Ausdrucksgestalten und der verstehenden Rückübersetzung Letzterer in Lebensformen besteht. Dadurch wird ein besonderer Akzent auf das Mittelglied des Lebenszusammenhangs gesetzt, d.h. auf die Artikulationen.

Aus individuellen Perspektiven und sozialen Interaktionen hervorgegangen, sind solche Artikulationen dennoch für Dilthey in einem starken Sinn objektiv. Ein literarisches Werk, eine gesetzliche Vorschrift, eine Partitur oder auch ein sozialer Ritus haben eine ganz bestimmte, objektiv konstatierbare Gestalt und weisen Bedeutungen auf, die durch soziale Regeln bestimmt sind, auf die individuelle Ausdrucksabsichten keinen direkten Einfluss haben. Indem das Leben sich ausdrückt, objektiviert es sich, und ein Bereich sozialen Sinns entsteht, der zwar – daran hält Dilthey weiterhin fest – menschliche Lebensmöglichkeiten ausdrückt, aber eben nicht mehr unmittelbar die Lebenserfahrung konkreter Menschen. »Durch die Idee der Objektivation des Lebens erst gewinnen wir einen Einblick in das Wesen des Geschichtlichen. Alles ist hier durch geistiges Tun entstanden und trägt daher den Charakter der Historizität. [...] Alles, dem der Mensch wirkend sein Gepräge aufgedrückt hat, bildet den Ge-

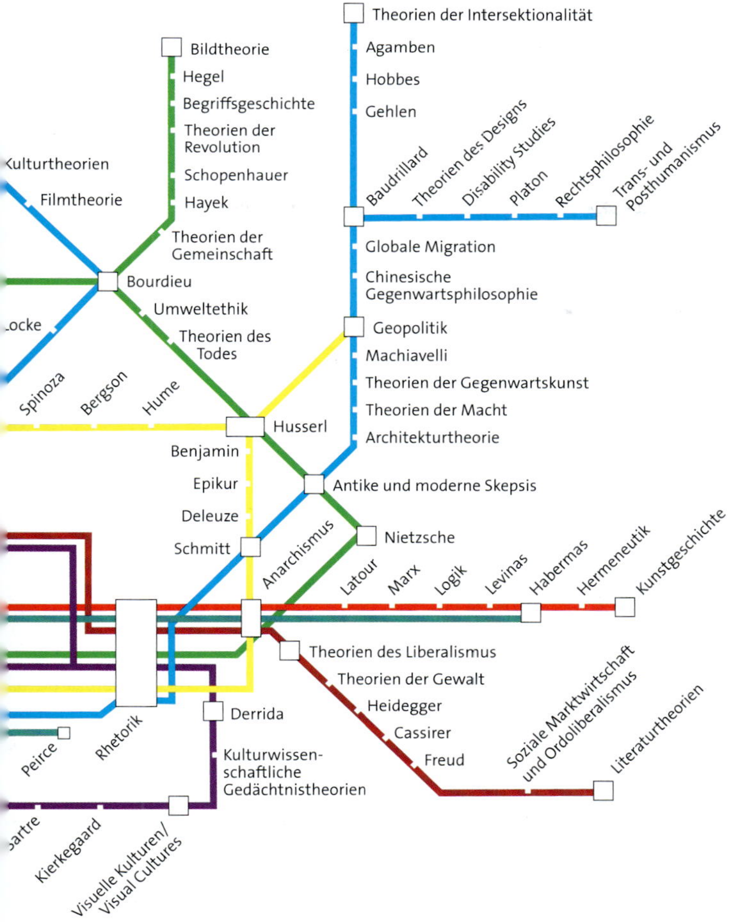

Reihe »Zur Einführung«

A

Theodor W. Adorno
von Gerhard Schweppenhäuser
7. Aufl., 14,90 Euro [D]
ISBN 978-3-88506-671-2

Giorgio Agamben
von Eva Geulen
3. Aufl., 13,90 Euro [D]
ISBN 978-3-88506-670-5

Hans Albert
von Eric Hilgendorf
13,50 Euro [D]
ISBN 978-3-88506-943-0

Analytische Philosophie
von Albert Newen
3. Aufl., 15,90 Euro [D]
ISBN 978-3-88506-611-8

Anarchismus
von Daniel Loick
3. Aufl., 15,90 Euro [D]
ISBN 978-3-88506-768-9

Angewandte Ethik
von Urs Thurnherr
2. Aufl., 15,90 Euro [D]
ISBN 978-3-88506-322-3

Anthropozän
von Hannes Bergthaller und Eva Horn
3. Aufl., 16,90 Euro [D]
ISBN 978-3-96060-311-5

Antike und moderne Skepsis
von Markus Gabriel
3. Aufl., 14,90 Euro [D]
ISBN 978-3-88506-649-1

Antike politische Philosophie
von Walter Reese-Schäfer
2. Aufl., 15,90 Euro [D]
ISBN 978-3-88506-971-3

Theorien der Arbeit
von Alexandra Manske und Wolfgang Menz
ca. 15,90 Euro (D)
ISBN 978-3-96060-330-6
Erscheint im Dezember 2023

Architekturtheorie
von Jörg H. Gleiter
17,90 Euro [D]
ISBN 978-3-96060-324-5

Hannah Arendt
von Grit Straßenberger
3. Aufl., 14,90 Euro [D]
ISBN 978-3-88506-089-5

Argumentationstheorie
von Josef Kopperschmidt
3. Aufl., 13,90 Euro [D]
ISBN 978-3-88506-320-9

Aristoteles
von Christof Rapp
6. Aufl., 16,90 Euro [D]
ISBN 978-3-88506-690-3

Ästhetik
von Stefan Majetschak
5. Aufl., 14,90 Euro [D]
ISBN 978-3-88506-634-7

Ästhetische Bildung
von Iris Laner
14,90 Euro [D]
ISBN 978-3-96060-300-9

Augustinus
von Johann Kreuzer
2. Aufl., 13,90 Euro [D]
ISBN 978-3-88506-609-5

B

Michail Bachtin
von Sylvia Sasse
2. Aufl., 14,90 Euro [D]
ISBN 978-3-88506-659-0

Roland Barthes
von Ottmar Ette
2. Aufl., 13,90 Euro [D]
ISBN 978-3-88506-694-1

Georges Bataille
von Peter Wiechens
2. Aufl., 15,90 Euro (D)
ISBN 978-3-88506-907-2

Jean Baudrillard
von Falko Blask
4. Aufl., 13,90 Euro [D]
ISBN 978-3-88506-067-3

Begriffsgeschichte
von Falko Schmieder und Ernst Müller
15,90 Euro [D]
ISBN 978-3-96060-317-7

Walter Benjamin
von Sven Kramer
5. Aufl., 13,90 Euro [D]
ISBN 978-3-88506-683-5

Henri Bergson
von Gilles Deleuze
5. Aufl., 14,90 Euro [D]
ISBN 978-3-88506-336-0

Bildtheorie
von Wolfram Pichler und Ralph Ubl
3. Aufl., 15,90 Euro [D]
ISBN 978-3-88506-074-1

Bildungstheorien
von Markus Rieger-Ladich
2. Aufl., 14,90 Euro [D]
ISBN 978-3-96060-304-7

Biophilosophie
von Kristian Köchy
14,90 Euro [D]
ISBN 978-3-88506-650-7

genstand der Geisteswissenschaften.«[81] Mit dieser Einsicht wird der hermeneutische Gedanke von jeder individualpsychologischen Engführung gelöst und auf die Sinnfiguren des Menschlichen überhaupt angewandt. Gegenstand des Verstehens sind ganz allgemein symbolische Objektivationen. Diese können, müssen jedoch nicht auf individuelle Lebenserfahrung bezogen sein. Was sie freilich immer von den Gegenständen der Naturwissenschaft unterscheidet, ist der Bezug auf humanspezifische Erfahrung, die Tatsache, dass sich menschliche Lebensinteressen in ihnen objektiviert haben, die es gar nicht gäbe, wenn das menschliche Weltverhältnis von der Perspektive des unbeteiligten Beobachters dominiert wäre.

Diltheys hermeneutischer Begriff des Lebensausdrucks hat demnach sowohl eine antisubjektivistische/antipsychologistische als auch eine antiobjektivistische Pointe. Antisubjektivistisch ist er insofern, als er der Abwehr der Vorstellung dient, die humane Innenperspektive erschließe sich durch Einfühlung ins eigene oder fremde Bewusstsein. Verstehen bezieht sich, wie gesagt, immer auf ein Objektives und hat insofern selbst objektiven Charakter. Weil es aber dieses Objektive als Ausdruck von Lebenserfahrung deutet, als den semantischen Niederschlag eines offenen Prozesses, dessen Träger Wesen mit einer Innenperspektive sind, kann das Verstehen nicht objektivistisch gedeutet werden. Es verbleibt in einer Teilnehmerperspektive und seine Objektivität zieht es nicht, wie die Naturwissenschaften, aus dem Bezug auf objektive Prozesse, sondern aus der intersubjektiven Objektivität semantischen Sinns gegenüber den Subjekten des Sinnverstehens.

Indem sich das Leben artikuliert, bringt es Sinngestalten hervor, die spezifisch menschliche Erfahrungsqualitäten intersubjektiv nachvollziehbar machen. Solche Ausdrücke bilden keine Realität ab, sie bringen vielmehr eine bestimmte Objektivierung von Lebenserfahrung erst hervor und halten so gleichsam die Mitte zwischen dem Finden und dem Erfinden (deshalb ist es problematisch, das Verhältnis zwischen Ausdruck und Erleben als »Repräsentation« zu bezeichnen). Diltheys Schüler Georg Misch (1878-1965) hat diesen Gedanken sachlich zu einer Theorie der hermeneutischen Gestaltungen weitergeführt. Was Misch breit ausarbeitet, ist die Differenz zwischen dem diskursiv-prädikativen Sprechen und dem hermeneutischen Gestalten. Prädikative Sätze sprechen Sachverhalte unter Abstraktion von ihrem Lebensbezug aus und können als Repräsentationen verstanden werden. Der Sachverhalt ist von dem sprachlichen Ausdruck, der ihn repräsentiert, unabhängig. Dieser für das wissenschaftliche Denken konstitutiven Form des Sprachgebrauchs stehen Misch zufolge lebensweltliche Sprechweisen gegenüber, die jener nicht ersetzen kann und die nicht durch Repräsentation, sondern durch Evokation gekennzeichnet sind.

Evozierende Ausdrücke dienen dazu, die erfahrene Lebensbedeutsamkeit von Menschen und Dingen – ihren »Sinn« im Unterschied zu ihrer »Referenz« – herauszustellen, zu objektivieren. Diese Differenzierung lässt sich an der Erfahrung klarmachen, die im Übergang von einem qualitativ erlebten Zustand zu dem Satz »Ich bin wütend auf X« besteht. Hier gibt es eine außersprachliche Referenz, die Person X, aber der Akzent liegt darauf, dass etwas in seiner lebensweltlichen Bedeutsamkeit bestimmt wird. »Ich bin wütend auf ...« ist eben keine Repräsentation einer auch unabhängig von ihr vorhandenen Gefühlslage der »Wut auf ...«, sondern eine produktive Objektivierung, die einem qualitativen Erleben einen Namen und damit soziale Handhabbarkeit verleiht. Misch spricht deshalb von »produktiv objektivierender Artikulation«[82], deren Leistung er als spezifisch hermeneutisch bezeichnet. Sie besteht darin, Bedeutsamkeiten, die sich aus der lebensweltlichen Verstricktheit in die Mit- und Umwelt ergeben, sprachlich auszuarbeiten, sie stilisierend zu fixieren und zu objektivieren, so dass sie zu sozialen Tatsachen werden. Wir leben nach Misch in einer sozialen »Ausdruckswelt«, die sinnlogisch der Welt theoretischer Gegenständlichkeiten vorgeordnet ist.

Der primäre Artikulationscharakter des Lebens wird in den spätesten Texten Diltheys zum Ausgangspunkt einer umgreifenden Deutung der menschlichen Realität im Unterschied zur Natur. Diese Deutung will sich gleichermaßen von der kausalen Perspektive der Naturwissenschaften wie von metaphysischen Sinnbestimmungen abgrenzen und gewinnt darin ihr hermeneutisches Profil. Sinn und Bedeutung erscheinen als die Spezifika des menschlichen Lebens, verstanden als geschichtlicher Zusammenhang. »Wir tragen«, schreibt Dilthey, »keinen Sinn von der Welt in das Leben.« Sinn kommt nur durch die Ausdrucksbildungen endlicher Lebewesen in die Welt, die sich die Realität nach Maßgabe ihrer Lebensbedürfnisse aneignen. »Wir sind der Möglichkeit offen, dass Sinn und Bedeutung erst im Menschen und seiner Geschichte entstehen. Aber nicht im Einzelmenschen, sondern im geschichtlichen Menschen. Denn der Mensch ist ein geschichtliches Wesen.«[83] Dass menschliches Leben als Ganzes den Charakter des Sinnverstehens hat, der zu verstehende Sinn jedoch nichts unabhängig von uns in der Welt Vorhandenes darstellt, sondern allein eine geschichtlich-intersubjektive Objektivität aufweist, mündet hier in eine Art panhermeneutischer Geschichtsvision. Dilthey sah es geradezu als den »letzten Schritt zur Befreiung des Menschen«[84] an, die radikale geschichtliche Kontingenz von Sinn anzuerkennen. Wer nämlich, so lautet sein Argument, darauf verzichtet, die geschichtlich-kulturell erzeugten Sinnfiguren als Ausdruck von etwas zu deuten, was unabhängig von Subjektivität existiert, gewinnt dadurch erst die Freiheit, das spezifisch Menschliche in seinen vielfältigen geschichtlichen Ausdrucksformen verstehen zu lernen.

Heideggers ontologische Pragmatik des Verstehens

Dem geistigen Habitus nach blieb Wilhelm Dilthey ein klassischer Gelehrter des 19. Jahrhunderts, und so ließ er dem Begriff der Hermeneutik weitgehend seinen traditionellen Methodensinn, während er doch der Sache nach schon lange zu neuen hermeneutischen Ufern aufgebrochen war. Bei Martin Heidegger liegen die Dinge völlig anders. Von der Zerstörung der bürgerlich-kulturellen Gewissheiten im Ersten Weltkrieg ebenso geprägt wie vom existentialistischen Pathos Kierkegaards und Dostojewskis, tritt er als radikaler Neuerer mit revolutionärer Attitüde auf. Philologische Gründlichkeit und historische Gelehrsamkeit sind nicht mehr die Muster, an denen sein Denken die Sache des Verstehens bestimmt. Vielmehr soll die Not des wirklichen Lebens in seiner theoretisch unableitbaren Faktizität gegenüber dem blutleeren Objektivismus reiner Theorie – Heidegger hatte hier besonders den damals führenden Neukantianismus im Auge – Ausgangspunkt der hermeneutischen Reflexion werden.

Stark vereinfacht kann man Heideggers epochale Wende als eine dreifache – nämlich pragmatische, existentiale und ontologische – Radikalisierung der Hermeneutik kennzeichnen. Pragmatisch ist sie deshalb, weil sie Verstehen nicht mehr nach dem Muster theoretischer Erschließung von Texten, sondern als Leistung des praktischen Weltverhältnisses modelliert: vom kompetenten Umgang mit Menschen und Dingen her. Mit dem Adjektiv »existential« soll herausgestellt werden, dass der pragmatische Ansatz sachlich in einem bestimmten Verständnis des Menschen gründet: Menschen sind diejenigen Wesen, die existieren müssen, also nicht einfach sind, die ihr Sein, ob sie es wollen oder nicht, handelnd-verstehend gestalten müssen. In der Philosophie geht es nach Heidegger wohlgemerkt nicht um den persönlichen Vollzug der Existenz – das wäre nicht »existential«, sondern »existentiell« –, sondern um das Verstehen der allgemeinen Strukturen dieses Vollzugs. Mit der ontologischen Wende schließlich ist Heideggers These gemeint, dass menschliches Verstehen den Charakter des Seinsverständnisses hat. Jedes konkrete Verständnis gehöre in einen Horizont hinein, der dem Verstehenden die Wirklichkeit im Ganzen aufschließe. Es zählt allerdings zu den Seltsamkeiten der Wirkung Heideggers, dass nach wie vor heftig darüber gestritten wird, worin dieses Seinsverständnis denn nun genau bestehe. Und zu beachten ist auch, dass die Frage nach dem Sein häufig als die Grundfrage Heideggers bezeichnet wird. Sie ist aber in seinem Werk nicht immer mit dem hermeneutischen Ansatz verkoppelt. Heideggers frühe Arbeiten konzentrieren sich ganz auf die Ausarbeitung des spezifisch menschlichen Verstehens als der Form unseres Daseins. In einer zweiten Phase, vor allem in seinem berühmten Werk *Sein und Zeit* (1927), wird dann die Hermeneutik mit dem Seinsdenken verkoppelt. Nach *Sein und Zeit* aber lässt Heidegger die Daseinshermeneutik wieder fallen, weil sie ihm zu subjektivistisch erscheint, das Sein also vom Menschen her bestimmt. Ich werde meine Darstellung ganz auf die beiden ersten Phasen konzentrieren, also nur den Heidegger der zwanziger Jahre des 20. Jahrhunderts behandeln.

Die Hermeneutik der Faktizität

Zu Beginn dieses Zeitraums arbeitete Heidegger in Freiburg und hielt dort eine Reihe von Vorlesungen, die in der Gesamtausgabe unter dem Gruppentitel *Frühe Freiburger Vorlesungen* zugänglich sind. Diese Arbeiten sind sachlich von hohem Interesse und bilden nicht von ungefähr einen Brennpunkt der Heidegger-Forschung. Heidegger entwickelt dort eine »Hermeneutik der Faktizität«, die zwar teilweise später in sein Hauptwerk *Sein und Zeit* eingeht, aber dennoch einen ganz eigenen Charakter trägt.

Es gibt auch einen guten sachlichen Grund, diese Texte nicht nur als Vorspiel zum Hauptwerk zu behandeln. In *Sein und Zeit* ordnet Heidegger nämlich das hermeneutische Projekt in einen theoretischen Begründungszusammenhang ein, dessen Architektur von Edmund Husserl (1859-1938), dem Begründer der Phänomenologie und Lehrer Heideggers, vorgegeben wird. Hermeneutisch-phänomenologische Philosophie figuriert in den Einleitungsparagraphen von *Sein und Zeit* (bes. § 3) als Fundierungswissenschaft für alle anderen Wissenschaften. Die *Frühen Freiburger Vorlesungen* hingegen entwickeln Heideggers hermeneutische Konzeption unabhängig von solchen massiven und vielfach umstrittenen Begründungsansprüchen.

Der für seine Zeitgenossen vielleicht überraschendste Zug dieser Vorlesungen besteht in ihrem starken, von der alltäglichen Lebenswelt ausgehenden Pragmatismus. Er ist unübersehbar von Dilthey angeregt worden, auf dessen Formel vom »Korrelatverhältnis von Selbst und Milieu« Heidegger sich direkt bezieht. Auch Diltheys Lebensbegriff spielt eine zentrale Rolle – bevor er dann in *Sein und Zeit* wegen seiner biologistischen Anklänge verbannt wird. So bildet die sogenannte »faktische Lebenserfahrung« den Ausgangspunkt aller Analysen Heideggers. Die Philosophie entspringe ihr nicht nur, sie springe auch »in der faktischen Lebenserfahrung in diese selbst zurück«[85]. Diese pleonastische Formulierung lässt sich aus dem Zusammenhang so deuten, dass auch die begriffliche Rekonstruktion des Verstehens keinen objektiven Standpunkt freigibt, sondern der Praxis des Lebens verpflichtet bleibt. Die faktische Lebenserfahrung sei ja gerade dadurch charakterisiert, dass das erfahrende Selbst und der Gehalt der Erfahrung gar nicht getrennt werden könnten. Realität begegne primär nicht als Korrelat einer objektivierenddistanzierenden Einstellung, sondern im praktisch-engagierten Weltverhältnis, weshalb sie immer als bedeutsame erfahren werde. Zwischen den Kategorien der Bedeutsamkeit und des Handelns – Heidegger spricht meistens vom »Vollzug« – besteht ein begrifflicher Zusammenhang. Bedeutsam ist die erfahrene Welt deshalb, weil sie den Vollzug des menschlichen Lebens fördernd oder behindernd betrifft. Dementsprechend werden Bedeutungen durch die Verhaltensweisen bestimmt, für die sie stehen. Damit weist Heidegger Husserls Theoretizismus und seinen Mentalismus zurück. Bedeutungen dürfen nicht als geistige Entitäten verstanden werden, die einer theoretischen Einstellung entsprechen. Sie entstehen lebensweltlich, als symbolischer Ausdruck von Handlungszusammenhängen.

Solche Zusammenhänge haben notwendigerweise eine faktische Seite. Wir finden uns in ihnen vor und sind durch Herkunft, Milieu etc. vielfältig in sie verstrickt. Auf der anderen Seite wirkt das Faktische eben niemals als solches, sondern nur durch seine Interpretation hindurch. Heideggers Programmtitel einer »Hermeneutik der Faktizität« will genau auf diese irreduzible Struktur hinaus, mit der sich die primär-lebensweltliche Realitätsbeziehung charakterisieren lässt. Sachlich zentral bleibt der interne Zusammenhang von Vollzug und Bedeutung: Wenn Bedeutungen einer lebensweltlichen Praxis entstammen, kann auch die Faktizität der Lebenserfahrung nicht mehr als etwas schlicht Gegebenes betrachtet werden. Das Kontingente und Situative dessen, was jeweils im Leben zur Bewältigung ansteht, muss als Strukturelement einer Praxis aufgefasst werden, in der es als in dieser oder jener Weise bedeutsam verstanden wird. Hier verabschiedet Heidegger sich deutlich von Dilthey, für den zwar die Ausdrucksgestalten der Lebenspraxis entspringen, ihre Deutung sich aber dem Praxisdruck entwinden und zu einer geisteswissenschaftlich-kontemplativen Übersicht erheben kann. Die

Kontingenz vorfindlicher Situationen ist nach Heidegger für die konkrete Deutungspraxis unhintergehbar. Ebendies meint die Rede von einer *Hermeneutik der Faktizität.* Diese Prägung ist nicht so zu verstehen, dass der Begriff »Hermeneutik« der Metaebene, der Begriff »Faktizität« hingegen der Objektebene zuzuordnen wäre. Vielmehr ist bereits die Lebenspraxis selbst hermeneutisch, nicht erst ihre begriffliche Rekonstruktion. Die Faktizität des Faktischen resultiert daraus, dass das »Gegebene« vorab als Korrelat menschlicher Lebensinteressen und interessegeleiteter Interpretationen gegeben ist. Was die Fakten des Lebens sind, wird daher ebenso sehr entdeckt wie erfunden. Bedeutsamkeiten konstituieren sich in Handlungszusammenhängen, in denen ein jeweils leitendes Lebensinteresse die Auslegung des Faktischen bestimmt. Die hermeneutische Pointe liegt dabei darin, dass die Fakten überhaupt nur durch ihre Bedeutsamkeit hindurch als Fakten zugänglich sind. Wir nehmen nach Heideggers Einsicht keineswegs die Welt zunächst neutral-kognitiv zur Kenntnis, um uns dann im zweiten Schritt Gedanken über ihre Bedeutsamkeit zu machen, sondern es verhält sich genau umgekehrt: Nur als von Lebensinteressen gedeutete und deshalb bedeutsame sind die Fakten des Lebens überhaupt für uns da. Menschen sind daher von Geburt an Hermeneutiker und der Grundmodus ihres In-der-Welt-seins ist das Verstehen.

Damit nimmt Heidegger eine radikale Neubestimmung des Hermeneutischen vor, die den Akzent vom expliziten und reflexiven Interpretieren zum praktischen-impliziten Verstehen als menschliches Existenzial verlagert. Die philosophischen Konsequenzen dieses hermeneutischen Neuansatzes sind vielfältig und können hier nur für zwei exemplarische Bereiche erörtert werden: die Rolle der Sprache und – damit eng verknüpft – die Deutung des menschlichen Selbst. In seiner Vorlesung *Phänomenologie der Anschauung und des Ausdrucks* von 1920 konzentriert sich

Heidegger auf die hermeneutische Dimension der Ausdrucksbildung, die ja schon Dilthey aufgegangen war. Was pragmatisches Verstehen bedeutet, lässt sich besonders deutlich am Phänomen des Ausdrucks herausarbeiten. Wenn nämlich das Faktische im menschlichen Lebenszusammenhang immer schon *als* ein Handlungsbedeutsames gegeben ist, verändert sich auch der Begriff des Gegebenen grundlegend. Seine Repräsentation in – zumeist sprachlichen – Symbolen kann nicht mehr nach dem Modell der Beschreibung von Sachverhalten gedacht werden, die unabhängig vom Ausdruck existieren. Weil das Gegebene nach Heidegger nur zusammen mit seiner Interpretation als so oder so Handlungsbedeutsames gegeben ist, erweisen sich designativistische Sprachmodelle, die sprachliche Ausdrücke als Repräsentationen von Sachverhalten deuten, als ungenügend und müssen durch das Ausdrucksmodell ersetzt werden.

Die Kategorie des Ausdrucks ist deshalb so zentral, weil sich in ihr Selbst- und Weltverhältnis vermitteln. Indem ein symbolischer Ausdruck die Bedeutsamkeit einer Handlungssituation artikuliert, fixiert er sie, stellt sie auf Dauer und geht damit in die Selbstinterpretation eines Handelnden ein. Und indem eine Person den Sinn einer Handlung artikuliert, versteht sie sich gleichzeitig selbst, und zwar als diejenige, die eine Situation so und so versteht, sie als so und so bedeutsam erfasst. Heidegger sagt vom Phänomen des Ausdrucks, in ihm artikulierten sich Sinnzusammenhänge nach ihrem Vollzugssinn. Daher sind Ausdrücke auch keineswegs allein auf die Innenwelt oder die soziale Welt der Handelnden bezogen, sondern auf etwas in der objektiven Welt in seiner Bedeutung für den Vollzug des Lebens. Ausdrücke bezeichnen etwas, indem sie es als für das menschliche Handeln bedeutsam interpretieren.

Darin liegt ein Hinausgehen über die Kontingenz des gelebten Lebens. »Man muß«, so formuliert Heidegger, »das Faktische selbst verstehen als *Ausdruck.*«[86] Ihn leitet der Gedanke, dass das Artikulieren von Bedeutungen – die immer Elemente von Bedeutungszusammenhängen sind – die beiden zentralen Aspekte des »Urphänomens Leben« in Beziehung setzt: Leben als »Erleben und Er-fahren« auf der einen, als »Objektivieren, (etwas) Gestalten, Aus-sich-heraussetzen«[87] auf der anderen Seite. Der letzte Aspekt zielt auf die hermeneutische Basisaktivität des Verstehens und Interpretierens im Lichte menschlicher Handlungsinteressen (Heidegger spricht hier auch von »Bekümmerung« und in *Sein und Zeit* dann von der »Sorge«), der erste auf die Situativität und Faktizität des Lebens. Seine Bedeutsamkeit kann nicht beschrieben, sondern nur artikuliert werden, er ist nichts fertig Vorhandenes und muss deshalb gewissermaßen herausinterpretiert werden. Fasst man Artikulation in dieser Weise auf, so versteht es sich von selbst, dass Verstehen immer auch ein Interpretieren ist. Welche Bedeutung eine Handlungssituation hat, liegt nicht offen zutage, sondern bedarf der Interpretation, die immer auch einen Spielraum des Verhaltens eröffnet. Deutlich wird das besonders in konfliktträchtigen Situationen, wo jeder schon die Erfahrung gemacht haben wird, wie aggressive Deutungen des Handlungssinns zur Eskalation führen können, während konziliante Interpretationen zur Entspannung der Lage beitragen.

Dieses hermeneutische Sprachverständnis rückt Heidegger in den *Frühen Freiburger Vorlesungen* in einen engen Zusammenhang mit dem Begriff des menschlichen Selbst und bahnt damit auch eine existentiale Wende der Hermeneutik an. Neben solchen Handlungen nämlich, deren artikulierter Sinn Teil sozialer Routinen ist – Begrüßungsriten sind hierfür gute Beispiele –, gibt es auch Handlungen, die für die Selbstdeutung des Handelnden entscheidend sind, und erst hier gewinnt der Begriff der Artikulation seinen emphatischen Sinn. Nur durch die Anstrengung des Sich-Artikulierens können Menschen Heidegger zufolge ein stimmiges Selbstverhältnis erlangen. Durch Artikulation vollziehe sich der »Prozeß des Gewinnens und Verlierens einer gewissen Vertrautheit des Lebens mit sich selbst«, so dass sich sagen lässt: »das Selbst hat eine gewisse *Ausdrucksgestalt*«[88]. Letzten Endes zielt die Hermeneutik der Faktizität auf einen Strukturbegriff des menschlichen Selbst, auf das, wie Heidegger mit existentialistischem Pathos schreibt, »unum necessarium des aktuellen Daseins«[89]. In diesem Begriff sind Selbstbezug, Weltbezug, Handeln und Interpretation zu einer hermeneutischen Konstellation gebracht. Diese lässt sich am besten mithilfe einer begrifflichen Trias erläutern, die in den *Frühen Freiburger Vorlesungen* dauernd variiert wird: die Unterscheidung von Gehaltssinn, Bezugssinn und Vollzugssinn, durch die Heidegger den inneren Zusammenhang von Handlung und Verstehen erläutern will.

Gehalts-, Bezugs- und Vollzugssinn stellen nach Heidegger Aspekte des lebensweltlichen Realitätsverhältnisses dar, die nur rekonstruktiv unterscheidbar sind. Faktisches Leben ist stets auf einen Gehalt bezogen, indem es sich selbst vollzieht. Das Begriffspaar »Gehaltssinn« und »Bezugssinn« greift dabei Husserls Phänomenologie auf. Husserl hatte herausgearbeitet, dass alle »Gegenstände«, auf die sich Menschen beziehen, stets nur als Korrelate einer bestimmten Intentionalitätsform auftauchen. Sie sind immer intentionale Gegenstände, werden gefürchtet, begehrt, betrachtet etc. Aber dieses Grundverhältnis von Gehalt und Bezug erlaubt nach Heidegger eben gerade noch keine Bestimmung der Bedeutung. Es muss ein dritter, entscheidender Aspekt hinzukommen, ohne den sie nicht gedacht werden kann: der Vollzugssinn. »Der Bezug wird gehabt *im* Vollzug.«[90] Die Kategorie des Vollzugssinns ist das eigentlich Neue in Heideggers pragmatisch-existentialer Hermeneutik. Unter Vollzugssinn versteht Heidegger die spezifische Art und Weise, in der der Bezug zum Gehalt von einem Menschen als Ausdruck seines Selbst- und Weltverhältnisses vollzogen wird. Der Vollzug ist eine Intentionalität zweiter Stufe, die sich auf die Intentionalität erster Stufe interpretierend richtet.[91] Im Vollzug des Sinns legt sich ein Selbst auf eine bestimmte Weise hin aus, sich zu seinen unmittelbaren Faktizitäten, zu den Gefühlen, Willensimpulsen und Wahrnehmungen, die es nun einmal hat, zu verhalten.

Ein möglichst triviales Beispiel kann das Verständnis dieser Struktur erleichtern: Jemand hat Appetit auf Schokolade. Der Gehalt, die Schokolade, ist dann intentional als Korrelat des Appetits gegeben. Gehaltssinn und Bezugssinn sind ineinander verschränkt: Die Schokolade ist als Gegenstand des Verlangens da. Auf diese Verschränkung richtet sich nun interpretierend-verstehend der Vollzugssinn, indem er diese Ausgangslage als eine »geöffnete Situation« kennzeichnet, die Handlungsmöglichkeiten erschließt, welche wiederum Formen der Selbstauslegung darstellen. Der springende Punkt besteht darin, dass der Bezug erst durch die Auslegung des Vollzugs hindurch handlungswirksam wird. Man kann z.B. das Verlangen nach Schokolade als Anlass zum Genuss interpretieren und ihm deshalb nachgeben, es hedonistisch veredeln oder pragmatisch befriedigen, es als Gefährdung des eigenen Körperideals zurückweisen etc. Jedes Mal resultiert daraus ein bestimmtes Verhalten, das zugleich auf die Realität einwirkt und das Selbstbild bestimmt. Nicht der Appetit auf Schokolade als solcher bewirkt ihren Verzehr, sondern der bejahende Vollzug dieses Weltbezugs, in dem das Selbst sich daraufhin auslegt, Schokolade zu essen. Und so trivial dieses Beispiel auch ist, es exemplifiziert doch die Grundstruktur des menschlichen Selbst, dem nach Heidegger immer eine basale Interpretativität eignet, die nicht unterlaufen werden kann. Der Vollzug erfasst interpretierend die im Bezug gegebenen Situationen als Handlungsmöglichkeiten, durch deren Wahl man sich zugleich für ein bestimmtes Selbstverständnis entscheidet. Ob es um Schokolade oder den Sinn des Lebens geht, interpretiert wird immer – was natürlich nicht heißt, dass die existentielle Bedeutung der Auslegung immer dieselbe ist. So führt Heideggers frühe Hermeneutik der Faktizität zu einer hermeneutischen Deutung des menschlichen Selbst, dessen Welt*bezug* unhintergehbar eine Welt*deutung* ist.

Sein und Zeit

In Heideggers epochemachendem Werk von 1927 sind die §§ 31-33 einer Theorie des Verstehens als Existenzial gewidmet. Diese Konzeption wird besser verständlich, wenn man drei zentrale Akzentsetzungen Heideggers im Auge behält. 1. Die Analyse des Verstehens ist kein Selbstzweck, sondern Teil der Daseinsanalyse, mit der die invarianten Strukturen der menschlichen Selbst- und Weltbeziehung herausgearbeitet werden sollen. Aber auch die Daseinsanalyse steht nicht für sich selbst, sie dient vielmehr der Frage nach dem Sinn von Sein, von der Heidegger in *Sein und Zeit* glaubte, sie müsse vom Seinsverständnis des menschlichen Daseins aus gestellt werden. Gleichwohl ist der hermeneutische Ertrag dieses Buches von diesen Verknüpfungen weitgehend unabhängig. 2. Heidegger verwendet Begriffe wie »Hermeneutik«, »Verstehen« und »Auslegung« stets in einem grundsätzlichen Sinn, zur Kennzeichnung der spezifischen Weise, in der Menschen in der Welt existieren, bzw. der philosophischen Analyse dieser Existenzweise. Jede spezifische Anbindung an den Umgang mit Texten ist aufgegeben. 3. Wenn Heidegger von »Verstehen« spricht, meint er einen Grundzug der menschlichen Existenz, der dem Unterschied zwischen Verstehen und Missverstehen im alltäglichen Sinn vorausliegt. Letztere verhalten sich zum Existenzial des Verstehens wie zwei Arten zu ihrer

Gattung, und deshalb ist für Heidegger auch das Missverstehen eine Weise, in der sich manifestiert, dass Menschen verstehende Wesen sind.

Im programmatischen Vorspann zu den inhaltlichen Untersuchungen von *Sein und Zeit*[92] bestimmt Heidegger seinen Ansatz zunächst in der Tradition Husserls als eine Phänomenologie des Daseins im Dienst der Frage nach dem Sinn von Sein (»Dasein« ist Heideggers »ontologischer« Alternativbegriff für den Menschen). Von dieser Phänomenologie erfährt der Leser dann freilich sofort, sie sei »Hermeneutik in der ursprünglichen Bedeutung des Wortes, wonach es das Geschäft der Auslegung bezeichnet« (SZ, 37). Dasjenige, was in dieser Hermeneutik ausgelegt wird, ist nun die Seinsweise des Menschen, die selbst auslegenden Charakter hat. Das spezifisch Menschliche liegt Heidegger zufolge darin, dass wir »Seiendes in der Möglichkeit der Existenz« (SZ, 37) sind, uns also immer auf zu ergreifende Möglichkeiten hin auslegen müssen und nicht einfach einem biologisch determinierten Lebensplan folgen. Hermeneutik im Sinne philosophischer Theorie ist demnach die reflexive Verdoppelung dieser Struktur: Auslegung der Auslegung. In einer berühmten Formulierung fasst Heidegger schließlich das methodische Grundgerüst seines Buches so zusammen: »Philosophie ist universale phänomenologische Ontologie, ausgehend von der Hermeneutik des Daseins, die als Analytik der Existenz das Ende des Leitfadens alles philosophischen Fragens dort festgemacht hat, woraus es *entspringt* und wohin es *zurückschlägt*.« (SZ, 38) Die Hermeneutik des Daseins – genauer gesagt: seiner spezifischen Seinsweise, des Existierens – bildet das Zentrum von *Sein und Zeit*.

Dementsprechend fundamental setzt Heidegger auch den Begriff des Verstehens an. Dieser charakterisiere die basalste Eigenschaft des menschlichen Verhaltens: »Dasein ist Seiendes, das sich in seinem Sein verstehend zu diesem Sein verhält.« (SZ, 52f.)

Dieser Grundgedanke konkretisiert sich zunächst dadurch, dass das menschliche Dasein In-der-Welt-sein ist. Zwar ist natürlich alles, was es überhaupt gibt, in der Welt und in diesem Sinn wäre der Gedanke trivial. Heidegger will aber darauf hinaus, dass Menschen in der Welt nicht einfach wie Dinge vorhanden sind, sondern dass es die Art, wie sie existieren, ausmacht, alle Vorkommnisse ihres Lebens im Horizont einer Welt von Seinsmöglichkeiten zu deuten. Man kann das In-der-Welt-sein als eine Radikalisierung des uns schon vertrauten hermeneutischen Zirkels deuten. Der menschliche Wirklichkeitsbezug ist durch die Wechselbeziehung von Teil und Ganzem (Heidegger: von innerweltlich Seiendem und Welt) gekennzeichnet, wobei das Ganze, der Horizont des Verstehens, mehr als die Summe seiner Teile ist.

In der näheren Ausgestaltung dieses Weltbezugs macht sich dann Heideggers pragmatische Option für den Lebensvollzug des Alltags geltend. Die Welt konkretisiert sich zur Umwelt und diese zum Zusammenhang dessen, was im täglichen Gebrauch – dem »Besorgen« – über Handlungsroutinen erschlossen ist – zum »Zeugzusammenhang«. Heidegger arbeitet in seinen berühmten Analysen detailliert heraus, wie die Wirklichkeit für Menschen ursprünglich als Korrelat ihrer Lebensinteressen – nüchterner gesagt: unter dem Gesichtspunkt ihrer Verwendbarkeit – gegeben ist. Primär ist der »Verweisungszusammenhang«, in dem es mit den Dingen eine bestimmte »Bewandtnis« hat, weil sie als »zuhandene« verstanden sind. »Das alltägliche Dasein ist immer schon in dieser Weise, z.B.: die Tür öffnend, mache ich Gebrauch von der Klinke.« (SZ, 67) Wir bewegen uns in einer Welt von Bedeutungen, in denen sich fixiert hat, auf welche Weisen die Umwelt auf menschliche Bedürfnisse bezogen werden kann. Und Heidegger insistiert immer wieder darauf, dass dieses alltägliche Seinsverständnis, in dem die Dinge als »zuhandene« gegeben sind, primär sei, das wissenschaftliche Nur-Hinsehen auf das »Vorhandene« hingegen sekundär und abgeleitet. Während Dilthey noch geschwankt hat, ob er die Alltagsperspektive der (natur-)wissenschaftlichen Einstellung vorordnen oder beide als komplementär betrachten solle, ist für Heidegger die Sache klar: Die Hermeneutik des Daseins liefert die Basis für alles andere. Im ontologisch-daseinshermeneutischen Entwurf von *Sein und Zeit* wird der Philosophie dementsprechend sogar die ontologische Fundierung der Einzelwissenschaften zugemutet – ein Anspruch, den Heidegger selbst bald zurückgenommen hat.

Die Zeuganalyse mit ihrem Aufweis des alltäglichen In-der-Welt-seins ist ein essentieller Teil von Heideggers Hermeneutik, weil sie den pragmatischen Charakter des Verstehens herausarbeitet. Im Zentrum steht das Sich-auf-etwas-Verstehen, das praktische Know-how, während das Verstehen anderer Personen in den Hintergrund tritt. Darin haben auch Autoren, die sich an Heidegger anschließen, ein ernst zu nehmendes Defizit seines Ansatzes erblickt. Jedenfalls führt der Primat der hermeneutischen Alltagserfahrung dazu, dass sich die Daseinsanalyse im Anschluss an die Erarbeitung des Umweltbegriffs zwar in den §§ 25-27 der Mitwelt zuwendet, diese aber primär unter dem Aspekt dessen, was »man« so tut und denkt, abhandelt. In den §§ 31-33 wird dann der hermeneutische Charakter des menschlichen Weltbezugs herausgearbeitet. Heidegger expliziert 1. »das Da-sein als Verstehen«, wendet sich 2. dem Verhältnis von »Verstehen und Auslegung« zu, um 3. den abgeleiteten Charakter prädikativer Sätze (»Aussagen«) in den Blick zu nehmen.

1. In der Daseinsanalyse von *Sein und Zeit* geht es Heidegger darum, die spezifischen Strukturmerkmale der menschlichen Existenz im Unterschied zu der Seinsweise der Natur herauszuarbeiten. Weil die philosophische Tradition die allgemeinsten Wirklichkeits- und Erkenntnisstrukturen unter dem Titel »Kategorien« behandelt hat, wählt er als kontrastiven Terminus für die Struk-

turen des Existierens den Begriff »Existenzialien«. Als erstes »Existenzial« entwickelt er die »Befindlichkeit«. Menschen sind im Vollzug ihres alltäglichen Lebens niemals neutrale Beobachter, sondern stets affektiv in das ihnen Begegnende verstrickt, und das drückt sich darin aus, dass sie immer eine bestimmte Befindlichkeit haben. Stimmungen und Affekte in der ganzen Spannbreite zwischen gehoben und gedrückt offenbaren, so argumentiert Heidegger, den Grundcharakter des Daseins, dass es nicht einfach ist, sondern sich um sich selbst (um sein Sein) kümmern muss. In der Befindlichkeit, im So-oder-so-Gestimmtsein, eröffnet sich eine Welt relevanter Möglichkeiten, die einem desengagierten Beobachter niemals offenstünde. Heideggers »Existenzial« der Befindlichkeit führt radikalisierend den Holismus und Antikognitivismus Diltheys weiter: Die Welt ist für uns nur da, weil sich durch Stimmungen und Gefühle ein Horizont eröffnet, innerhalb dessen Innerweltliches uns etwas angehen kann. Befindlichkeiten sind Formen der Welterschließung, nicht etwa private mentale Zustände.

Die hermeneutische Pointe der Befindlichkeit besteht darin, dass sie dem zweiten »Existenzial«, dem »Verstehen«, als Widerpart und struktureller Gegenpol dient, ähnlich wie in den *Frühen Freiburger Vorlesungen* die Faktizität den gegenläufigen Bezugspunkt der Hermeneutik bildet. Das Verstehen ist also immer befindliches bzw. gestimmtes Verstehen, befindet sich in offenen Situationen, die es nicht selbst hervorgebracht hat und die ihm durch Gestimmtheiten erschlossen sind, die ebenfalls nicht als Leistung eines Handelnden begriffen werden können. Für diesen konstitutiven Doppelcharakter einer Kontingenz, die zugleich Eröffnung von Möglichkeiten ist, gebraucht Heidegger häufiger die Formulierungen »geworfener Entwurf« bzw. »geworfene Möglichkeit«. Und Verstehen ist nun genau jenes Können, jene Kompetenz, die sich, Möglichkeiten eröffnend, auf die Faktizitäten des je eigenen Lebens bezieht. Verstehen bedeutet nach

Heidegger Seinkönnen, Existieren, Sich-Entwerfen auf die eigenen Möglichkeiten des In-der-Welt-seins. Die modale Differenzierung zwischen Möglichkeit und Wirklichkeit ist für diese existentiale Radikalisierung des Verstehens entscheidend. Was verstanden wird, ist nämlich gar kein Gegenstand, nichts, was schon vorhanden wäre, es sind vielmehr Möglichkeiten, das eigene Selbst- und Weltverhältnis zu vollziehen.

In der bisher erarbeiteten Terminologie könnte man sagen: Verstehen ist primär nicht reproduktiv, sondern produktiv, eine kreative Leistung des Menschen – Heidegger hätte diese Ausdrucksweise sicher verabscheut –, die darin besteht, das Faktische des eigenen Lebens im Horizont von Möglichkeiten zu verstehen, die verwirklicht werden können. Um das Verstehen zu verstehen, ist nach Heidegger die Einsicht notwendig, dass Existieren durch das modale Gefälle zwischen Möglichkeit und Wirklichkeit bestimmt ist. Die menschliche Wirklichkeit, so könnte man sagen, schließt Möglichkeiten so grundlegend ein, dass diesen sogar der Primat zukommt. Es gibt für Heidegger keine Wirklichkeit im Sinne vorhandener inhaltlicher Bestimmungen, die das Wesen des Menschen kennzeichnen könnten, weil dieses Wesen gerade darin besteht, zu existieren, d.h. Wirkliches in einen Horizont von Möglichkeiten zu transformieren, jeweils eine Möglichkeit zu verwirklichen, die so veränderte Wirklichkeit wieder als Möglichkeitshorizont zu verstehen usw. »Das im Verstehen [...] Gekonnte ist kein Was, sondern das Sein als Existieren.« (SZ, 143) Grundlegender lässt sich der Begriff des Verstehens nicht fassen. Mit Heideggers Daseinsanalyse ist die fundamentalphilosophische Radikalisierung der Hermeneutik an einem sachlogischen Endpunkt angelangt.

2. Verstehen wird in *Sein und Zeit* als ein Können rekonstruiert, das keineswegs immer expliziten Charakter haben muss. Wer sich auf seine eigenen Möglichkeiten hin versteht, ist in der Re-

gel auf diese erschlossenen Möglichkeiten bezogen, ohne das Verstehen als solches ausdrücklich zu vollziehen. Wo dies der Fall ist, spricht Heidegger von der »Auslegung«. Auslegung ist explizites Verstehen, Verstehen implizite Auslegung. Für die Auslegung ist dasjenige, um was es dem Verstehen ging, ausdrücklich da. Während jedoch die hermeneutische Tradition diesen Zusammenhang von vornherein mit sprachlicher Ausdrücklichkeit verbunden sah, ist Heidegger auch hier radikaler und besteht darauf, dass die Auslegung primär vorprädikativen Charakter hat. »Aus dem Fehlen der Worte darf nicht auf das Fehlen der Auslegung geschlossen werden.« (SZ, 157) Es geht ihm um die Herausarbeitung einer Grundstruktur, die allen sprachlichen Interpretationen vorausliegt und durch das Schema »etwas als etwas auslegen« bezeichnet werden kann. Der Akzent liegt auf dem »als«, das die Auslegung konstituiert. Da die Welt immer schon, so argumentiert Heidegger, als Bewandtniszusammenhang erschlossen ist, erscheint alles innerhalb ihrer *als* Teil dieses Zusammenhangs. Im Schema »x *als* y« muss also für die erste Variable immer ein Gegebenes eingesetzt werden, das durch die zweite Variable *als* Zuhandenes interpretiert wird. Das Entscheidende ist dabei, dass das »y« gerade die primäre Sichtweise benennt und das »x« nur durch bewusstes Absehen von der »Als-Struktur« erschlossen wird. Dieses »Ding in der Garage aus Metall, Gummi und Glas« (x) beispielsweise ist alltäglich durch seine Funktion *als* parkendes Auto, um damit zu fahren (y), ausgelegt. Es wird normalerweise nur als y, nicht als x sichtbar. »Alles vorprädikative schlichte Sehen des Zuhandenen ist an ihm selbst schon verstehend-auslegend.« (SZ, 149)[93]

Der verstehende Charakter des Daseins zeigt sich am deutlichsten in dieser interpretativen Vorstruktur, die Wirklichkeit im Horizont ihrer Bedeutung für menschliche Interessen erschließt. Es geht Heidegger hier tatsächlich um eine prinzipielle hermeneutische Blickwende der Philosophie, die von dem Gedanken ablassen soll, die humanen Bedeutungen seien nachträglich auf das zunächst sinnlich Gegebene aufgepfropft. Dieser Idee, die besonders das empiristische Denken prägt, setzt er die These von der »Vorgängigkeit des existenzial-hermeneutischen ›als‹« entgegen. Wirklichkeit ist für Wesen, die sich um das Gelingen ihres Lebens kümmern müssen – Heidegger spricht hier von »Sorge« –, vorab als ein Geflecht von Verweisungszusammenhängen da, die jedes einzelne »x« in Bezüge der Funktionalität, Brauchbarkeit, Nützlichkeit, Bedrohlichkeit, Förderlichkeit etc. einbetten. Die Pointe dieser These liegt natürlich darin, dass der Zusammenhang dieser Bezüge, deren formale Struktur stets in dem »x als y« liegt, gerade die Weise der Erschließung von Realität darstellt. Die Vorstruktur des Verstehens ist nach Heidegger konstitutiv für die Eröffnung des Zusammenhangs von Welt und Dasein und nicht etwa eine bedauerliche Trübung unseres epistemischen Blicks auf die Welt. Seine Lehre vom hermeneutischen »als« veranschaulicht daher auch in aller Deutlichkeit den Übergang von der philosophischen Hermeneutik zur hermeneutischen Philosophie. Die Einsicht in den welterschließenden Primat des »als« nötigt nämlich zur Revision philosophischer Positionen, die auf den ersten Blick mit Hermeneutik gar nichts zu tun haben. Besonders offensichtlich sind die epistemologischen Konsequenzen, denn die in der philosophischen Tradition beliebte Vorstellung, das Erkennen sei als ein »Spiegel der Natur« (Richard Rorty) zu denken, erscheint als obsolet, wenn die Realität nur kraft ihrer Verwobenheit in pragmatische Verweisungszusammenhänge erschlossen werden kann.

Den Grundgedanken des hermeneutischen »als« konkretisiert Heidegger, indem er drei verschiedene Modifikationen der Vorstruktur des Verstehens einführt, die dann auch die Brücke zur Einführung des Begriffs »Sinn« bauen: »Vorhabe«, »Vorsicht« und

»Vorgriff«. Unsere Vormeinungen führen stets dazu, dass etwas Neues in die uns vertrauten Bewandtniszusammenhänge verstehend eingeordnet wird. Diese Kontextualisierung bezeichnet Heidegger als »Vorhabe«. Die »Vorsicht« besteht dann darin, das so kontextualisierte Neue unter einen leitenden Deutungsaspekt zu stellen. Und der Terminus »Vorgriff« schließlich zielt auf die sprachliche Dimension, die Vorerschließung eines Sachverhalts durch das begriffliche Rahmenwerk, in das er eingefügt wird. Jede mögliche Situation ist nach Heidegger unhintergehbar durch diese dreifach differenzierte Vorstruktur bestimmt. Wer zum Beispiel einen Text verstehen möchte, hat es niemals nur mit dem, was da steht, zu tun. Der Text erscheint zwangsläufig innerhalb einer Kontextualisierung, die ihn in den Zusammenhang des vertrauten Hintergrundwissens stellt (Vorhabe), im Rahmen einer leitenden Hinsicht, unter der er erschlossen werden soll (Vorsicht), und konzeptueller Vorentscheidungen, die das Basisvokabular der Interpretation bestimmen (Vorgriff).

In der Linie dieser pragmatischen Theorie des Verstehens als Erschließung von Handlungsmöglichkeiten liegt auch Heideggers Begriff des Sinns. »Was im verstehenden Erschließen artikulierbar ist, nennen wir Sinn. Der Begriff des Sinnes umfasst das formale Gerüst dessen, was notwendig zu dem gehört, was verstehende Auslegung artikuliert.« (SZ, 151) Gäbe es keine Als-Struktur, gäbe es auch keinen Sinn und Sprache würde allein darin bestehen, Gegenstände möglichst getreu zu spiegeln. Weil aber der pragmatische Vorgriff auf Sinn, die Aneignung der Realität im Horizont menschlicher Lebensinteressen, das In-der-Welt-sein überhaupt erst konstituiert, ist Sinn für Heidegger dem referentiellen, bezeichnenden Aspekt von Sprache sachlogisch vorgängig. Wer spricht, der artikuliert primär lebensweltlich erfahrbaren Sinn. Im Medium des Sinnverstehens, dessen formaler Ausdruck die Als-Struktur ist, bildet sich dann erst die Möglichkeit heraus, von den Bewandtniszusammenhängen der Lebenswelt zu abstrahieren und vorhandene Sachverhalte neutral zu beschreiben.

3. Dieser Modifikation des lebensweltlich primären Sinnverstehens zum konstatierenden Sprechen ist der § 33 von *Sein und Zeit* gewidmet. Die prädikative Aussage soll ihrer Abkünftigkeit von der Artikulation des Sinns überführt werden, und damit soll gezeigt werden, dass sie nicht als Muster der Verwendung von Sprache überhaupt dienen kann. Wenn Sprache primär hermeneutisch ist, Medium einer Auslegung der Realität als Sinnzusammenhang von Handlungs- und Existenzmöglichkeiten, wie kann es dann überhaupt zu der Dritte-Person-Perspektive des objektivierenden Sprechens kommen, die diesen Sinnzusammenhang ausblendet? Heideggers Antwort: durch eine Modifikation der Als-Struktur, die sich von der Zuhandenheit zur bloßen Vorhandenheit zurückwendet, also das »x« nicht mehr als »y«, sondern umgekehrt das »y« als »x« deutet. Der prädikative Satz und mit ihm jener sprachliche Weltzugang, in dem sich die Wissenschaften bewegen, beruhen also auf einer Umkehr der Blickrichtung vom lebensweltlich-verstehenden Auslegen zum »puren hinsehenden Aufweisen« (SZ, 158) eines Sachverhaltes, dessen Fixpunkt nicht mehr Sinn ist, sondern die sinnfreie Eigenstruktur der Sache.

Aber Heidegger hält auch für diesen Umschlag vom Verstehen zum theoretischen Hinsehen eine hermeneutische Erklärung bereit.[94] Sind Menschen nämlich tatsächlich genuin verstehend-auslegende Wesen, müssen auch die Gründe für die Entstehung einer Weltperspektive, die keinen verstehenden Charakter mehr hat, verständlich gemacht werden können. Andernfalls bliebe das Aufkommen der Wissenschaften vollkommen rätselhaft. Heideggers Ansatzpunkt sind die Brüche, die auch innerhalb eingespielter Handlungszusammenhänge immer auftreten können. Wer beispielsweise einen Hammer benutzt, versteht diesen auf die Funktion hin, die er im Handlungsschema »Hämmern« hat. Das materielle Ding »x« erscheint als ein zu diesem und jenem brauchbares Werkzeug »y«. Nun kann der Fall eintreten, dass dieses hermeneutische Schema zerbricht, weil der Hammer beispielsweise viel zu schwer ist, um mit ihm einen kleinen Nagel einzuschlagen. Der Hammer wird dysfunktional und ebendies nötigt uns dann, so argumentiert Heidegger, vom »y« zum »x« zurückzugehen und es in seinen materiellen Eigenschaften zu betrachten. Das nicht mehr Zuhandene wird zum Vorhandenen, um schließlich wieder zuhanden sein zu können. Die theoretische Perspektive, so lässt sich dieser Grundgedanke generalisieren, entwickelt sich aus dem Misslingen des pragmatischen Verstehens, das einen Weltzugang erzwingt, der nicht vorab lebensweltlichen Interessen nutzbar ist. Das wissenschaftliche Denken ist nach dieser Argumentation von der alltäglichen Lebenspraxis unterschieden und bleibt doch unaufgebbar auf sie bezogen. Auch die Suspendierung des Sinnverstehens zugunsten kausaler Analyse ist in *Sein und Zeit* letztendlich eine Modifikation und Dehnung der hermeneutischen Grundstruktur: Sie entspringt motivational aus dem Misslingen des Verstehens, bleibt auf dieses bezogen und kann daher den Holismus des Hermeneutischen nicht gefährden.

4. Gadamers Rückwende zur geschichtlichen Überlieferung

Niemand hat das hermeneutische Denken im ausgehenden 20. Jahrhundert so beeinflusst wie Hans-Georg Gadamer. Von Heidegger, dessen Schüler er war, unübersehbar geprägt, hat er dennoch einen eigenständigen Entwurf vorgelegt, der bald in der Öffentlichkeit mit dem Projekt einer philosophischen Hermeneutik identifiziert werden sollte: sein Hauptwerk *Wahrheit und Methode* von 1960. Diese Identifikation brachte der Hermeneutik große öffentliche Präsenz als eine der führenden geistigen Strömungen innerhalb der Philosophie ein, führte aber gleichzeitig auch zu einer Verengung des Gesichtsfelds. Einerseits wurden nämlich die Akzentuierungen Gadamers unbesehen als Ausdruck der hermeneutischen Denkform als solcher genommen, und andererseits geriet dadurch die Vielfalt hermeneutischer Positionen jenseits der gadamerschen Synthese aus dem Blick. So gibt es beispielsweise bei Gadamer eine systematische Vorrangstellung der Tradition gegenüber dem reflexiven Verstehen der Gegenwart, und dieser Zug seines Denkens führte dann zu einer pauschalen Wahrnehmung der Hermeneutik als einer konservativen oder sogar traditionalistischen Geisteshaltung. Angesichts dieser Situation kommt es darauf an, die gadamersche Synthese in einer Weise zu explizieren, die ihre spezifischen Akzentsetzungen sichtbar macht, ohne sie unbesehen als Ausdruck »des Hermeneutischen« zu nehmen.

Der unhintergehbare Horizont der Welterschließung

Vielleicht der beste Zugang zu Gadamers »Grundzügen einer philosophischen Hermeneutik«, wie der Untertitel von *Wahrheit und Methode* lautet, führt über den Begriff des »Horizonts«. Husserl und vor allem Heidegger haben schon vor Gadamer als Eigenart des menschlichen Wirklichkeitszugangs herausgearbeitet, dass das explizit Thematische (eine Wahrnehmung, ein Gedankeninhalt, eine Handlung etc.) immer von einem »Hof« impliziter Welterschließung umgeben ist, der keinen gegenständlichen Charakter hat, aber dennoch entscheidend die Art und Weise beeinflusst, in der das explizit Vorliegende verarbeitet wird. Bei Heidegger bedeutet In-der-Welt-sein: alles Wirkliche in einem Horizont von Seinsmöglichkeiten deuten. Dieser Horizontcharakter kennzeichnet das Hermeneutische, weil er eine prinzipielle Interpretativität des Lebens begründet. Jeder Vordergrund hat seinen Hintergrund, jeder Text seinen Kontext usw., und Verstehen ist nur durch Einordnung in diesen Zusammenhang möglich. Im Begriff des Horizonts ist so etwas wie ein universales Kontextualitätsprinzip gedacht.

Gadamer macht von diesem Prinzip nun einen spezifischen Gebrauch, durch den seine Hermeneutik ihr eigenes Profil findet. Heidegger deutet nämlich das Horizontphänomen, wenigstens in seinen *Frühen Freiburger Vorlesungen*, in einer existentialistisch-aktivistischen Weise. Einen Horizont haben besagt: wählen – nicht nur können, sondern auch – müssen. Der Akzent fällt also auf den Vollzug des Verstehens aus der Perspektive der ersten Person Singular. Bei Gadamer ist es genau umgekehrt; er betont vor allem die Tatsache, dass der dem Verstehen vorgegebene Horizont dem Subjekt des Verstehens unverfügbar vorgegeben ist, geschichtlich gewordener Sinn, der allem Handeln und Deuten vorausliegt. Das Horizontphänomen motiviert eine tiefsitzende Skepsis gegenüber den Möglichkeiten individueller Deutung und Kritik, schließlich sogar gegenüber dem Rationalitätsbegriff, wie er für die Moderne typisch ist. Es begründet Gadamers Traditionalismus, seine Wissenschafts- und Methodenkritik und schließlich auch das sperrigste und meistkritisierte Schlussstück seiner hermeneutischen Theorie, die sogenannte »ontologische Wendung am Leitfaden der Sprache«.

Auf diese Akzentsetzungen werde ich noch zu sprechen kommen. Vorab muss noch genauer geklärt werden, warum Gadamer dem Horizontphänomen derart weitreichende Konsequenzen zuschreibt. Leitend ist dabei der Gedanke, dass die Unhintergehbarkeit des Horizonts darauf hinausläuft, jedes explizite Wissen, Verstehen, Handeln als von einem Vorverständnis geleitet zu sehen, das seinerseits niemals vollständig expliziert werden kann. Jeder Explikationsversuch kann sich mithin nur vor dem Hintergrund eines »horizontalen« Vorverständnisses vollziehen, dessen Explikation ebenfalls in einen Horizont eingebettet bliebe usw. Der Horizont entzieht sich, er bleibt immer der implizite Hintergrund jedweder Explizierung – was ja im Übrigen auch auf der Ebene der Metapher in der Vergeblichkeit des Versuchs zum Ausdruck kommt, ans Ende des Horizonts zu gelangen. Weil es demnach prinzipiell unmöglich ist, den Horizont des Vorverständnisses zu explizieren, bleibt dieser, so argumentiert Gadamer, allem Verfügenwollen, insbesondere dem reflexiven Zugriff der Kritik, letztendlich entzogen. Die verstehenskonstitutive Spannung zwischen einem nicht – besser gesagt: nicht vollständig – explizierbaren Vorverständnis und dem aktuellen Vollzug des Lebens, das neuartige Erfahrungen macht und für sie eine stimmige Interpretation sucht, erscheint damit zugunsten der Übermacht der Tradition als aufgelöst. Anlässlich von Heideggers Hermeneutik der Seinsmöglichkeiten habe ich darauf hingewiesen, dass dem Verstehen eine modale Differenz eingeschrieben ist, die Wirklichkeit in Möglichkeiten zurückverwandelt, um diese dann wieder zu existentiell gewählten Wirklichkeiten werden zu lassen. Genau diese modale Differenzierung des Vorverständnisses wird bei Gadamer zugunsten der Wirkungsmacht der Tradition unterlaufen.

Die damit vollzogene Umakzentuierung hat noch einen weiteren Aspekt, den Habermas mit einer bekannten Formulierung so beschrieben hat: »Gadamer urbanisierte die Heideggersche Provinz.«[95] Das Provinzielle liegt hier in Heideggers Distanz zum urbanen Intellektuellenmilieu, seiner Skepsis gegenüber dem Bildungsbürgertum, schließlich in der tief in die Zeuganalyse von *Sein und Zeit* eingedrungenen Orientierung an der handwerklichen Praxis. Gadamers Urbanisierung läuft dementsprechend darauf hinaus, dass er, vereinfacht gesagt, Heidegger wieder zum Bildungsbürger macht. Die Tradition des humanistischen Denkens, als roter Faden eines emphatischen Bildungsbegriffs, wird zur Domestizierung des radikal-existentiellen Pathos herangezogen, dem Heideggers Hermeneutik ihre pragmatischen Züge verdankt.

Indem Gadamer also das Verstehen zwar mit Heidegger als ein Existenzial, als das unhintergehbare Grundmuster menschlichen In-der-Welt-seins deutet, dieses Existenzial aber nicht mehr am praktisch-interessegeleiteten Umgang mit den Dingen, sondern am Eingelassensein in eine unerschöpfliche geistige Herkunft exemplifiziert, nimmt er die pragmatische Wende der Hermeneutik *gegen* Heidegger zurück. Es ist richtig, dass Gadamer sein eigenes Denken als eminent praktisch versteht – und in der Tat spielt, wiederum gegen Heideggers monologische Verstehenskonzeption, das Gespräch als Verständigungspraxis ebenso eine zentrale Rolle wie das an Aristoteles entwickelte praktische Können, die »phronesis«. Was jedoch bei Gadamer nicht weitergeführt wird, ist die von Dilthey zu Heidegger reichende und im amerikanischen Pragmatismus selbstverständliche Idee, dass Verstehensprozesse Teil eines rückgekoppelten Interaktionszusammenhangs von Mensch und Umwelt sind.

Gadamers »Urbanisierung« Heideggers hat also auch die Dimension, das »Geistige« wieder als einen Bildungskosmos zu deuten, der keine direkte handlungstheoretische Anbindung mehr hat. Diese Differenz lässt sich daran deutlich machen, dass Gadamer Verstehen nahezu ausschließlich als Aneignung schon konstituierter, eben überlieferter Bedeutungen konzeptualisiert. Die Problematik der Artikulation, des produktiven, Erste-Person-Erfahrung und Sprachsystem vermittelnden Verstehens spielt gegenüber der Vorgängigkeit des Horizonts keine Rolle. Gadamer ist vielmehr durchgängig bemüht, der Selbstermächtigung des neuzeitlichen Subjekts, der Emphase auf Produktivität, Kreativität und Reflexivität entgegenzuhalten, wie tief wir in nicht distanzierbare Traditionen eingelassen seien. Sein Kontextualismus geht sogar so weit, dass Verstehen den Charakter einer Aktivität des Verstehenden einbüßt und zu einem Geschehen wird. Dieser Akzentuierung ließe sich Heideggers Verstehensbegriff nur nach Tilgung seiner existential-pragmatischen Züge einfügen.

Ein weiterer Grundzug des gadamerschen Denkens lässt sich ebenfalls vom Horizontphänomen her erläutern: seine methodenkritische Haltung. Nicht von ungefähr trägt Gadamers Hauptwerk den Titel *Wahrheit und Methode*. Damit soll nicht gesagt werden, dass Wahrheit vorrangig als Korrelat methodischer Zugriffe zu denken sei. Im Gegenteil, der Titel soll anzeigen, wie sich alle wissenschaftlichen Methoden immer schon im Horizont eines Vorverständnisses bewegen, das Wahrheit erst möglich macht, aber eben niemals methodisch einholbar ist. Da der prädikative Satz das sprachliche Format der Wissenschaften bildet, kann man diesen Punkt auch als Rückfrage hinter das Prädikative, hinter die Aussage fassen. »Was ausgesagt ist, ist nicht alles. Das Ungesagte erst macht das Gesagte zum Wort, das uns erreichen kann.«[96] Diese Einsicht bringt Gadamer zum einen dazu, das Gespräch im Unterschied zur schriftlich fixierten Sprache als Muster des Verstehens aufzufassen – und umgekehrt dann das Verstehen von Texten nach dem Muster des Gesprächs zu modellieren. Zum anderen lenkt sie seine Hermeneutik in die Richtung einer Kritik an verabsolutierten Methodenidealen, die über dem technisch präzisen Zugriff auf Sachverhalte den jeder Methode vorausliegenden geschichtlich tradierten Fragehorizont vergessen. Methoden sind für Gadamer technische Problemlösungsverfahren, die bei aller Legitimität vergessen lassen, dass Probleme einem »motivierten Fragezusammenhang« entstammen, der dem methodischen Zugriff als hermeneutische Vorstruktur entzogen bleibt. Hermeneutik habe daher die Aufgabe, Probleme in Fragen zurückzuverwandeln, also sichtbar zu machen, wie der Überlieferungszusammenhang einen Rahmen bildet, durch den sich wirkliche Fragen von abstrakten Problemen unterscheiden.

Vorstruktur und Vorurteil

Gadamers im Horizontbegriff gründender Kontextualismus hat natürlich auch erhebliche Konsequenzen für sein Verständnis von Rationalität. Eine kontextualisierte Vernunft steht zwangsläufig in Spannung zu starken, universalistischen Rationalitätskonzeptionen. Als Gegenpol hat sich Gadamer hier die Aufklärung gesucht, in der er ein solches, unhistorisches und hinsichtlich der Horizontproblematik naives Denken am Werk sieht. Exemplarisch soll sich die Verkennung der Vorstruktur des Verstehens am Begriff des Vorurteils zeigen. In zwei berühmten Abschnitten von *Wahrheit und Methode*[97] wird daher zunächst die »Diskreditierung des Vorurteils in der Aufklärung« (WM, 256) behandelt und dann zu dessen Rehabilitierung, zur »Anerkennung der wesenhaften Vorurteilshaftigkeit allen Verstehens« (WM, 254) übergegangen. Als Grundgedanken der Aufklärung stellt Gadamer die Rationalisierung des Autoritätsbegriffs heraus: »Nicht Überlieferung, sondern die Vernunft stellt die letzte Quelle aller Autorität dar.« (WM, 257) Die Aufklärung habe, so wird argumentiert, das Denken sinnwidrig dekontextualisiert, die Prägung unseres Weltzugangs durch Überlieferungszusammenhänge also im Sinn eines prinzipiellen Hindernisses der Erkenntnis aufgefasst. Im Lichte einer scheinbar »absoluten« Vernunft erschienen dann alle historischen Determinanten als Vorurteile im pejorativen Sinn: als ungerechtfertigte Vorprägungen des Erkennens, die sich dort festsetzen, wo eigentlich eine eigenverantwortliche, je persönlich zu vollziehende Urteilsbildung am Platz wäre. Mit ihrer pauschalen Diskreditierung des Vorurteils – man könnte auch sagen: mit ihrem Vorurteil gegen das Vorurteil – habe die Aufklärung, so stellt es Gadamer dar, letztlich die Vorstruktur des Weltzugangs als solche infrage stellen wollen.

Lässt man einmal die heikle Frage beiseite, ob sich die Aufklärung insgesamt tatsächlich derart unhistorisch bestimmt hat, dann könnte man Gadamers Argumentation dahingehend zusammenfassen, dass die Aufklärung in Verkennung der wesenhaften Endlichkeit menschlicher Vernunft Vorurteil (im negativen Sinn) und Vorstruktur identifiziert bzw. aus der Illegitimität des Ersteren auf die Notwendigkeit der Überwindung Letzterer geschlossen habe. Wer aber glaube, sich aus dem Horizont der Überlieferung distanzierend herausreflektieren zu können, der falle ihr nur noch naiver anheim. Die hermeneutisch relevante Unterscheidung sei nicht etwa diejenige zwischen vorurteilsbehaftetem und vorurteilslosem Erkennen, sondern die zwischen legitimen und illegitimen Vorurteilen. Die Frage »Was unterscheidet legitime Vorurteile von all den unzähligen Vorurteilen, deren

Überwindung das unbestreitbare Anliegen der kritischen Vernunft ist?« (WM, 261) bezeichnet Gadamer sogar als das erkenntnistheoretische Zentrum seiner Hermeneutik. Nun scheint es auf den ersten Blick nahezuliegen, dass man zu ihrer Beantwortung wenigstens auf eine schwache kontexttranszendierende Kraft der Vernunft rekurriert, die es dann erlauben würde, Vorurteile schrittweise auf ihre Legitimität hin zu überprüfen. Gadamer entscheidet sich aber für eine andere Lösung, in der es der Überlieferungszusammenhang selbst ist, der als Agens dieser Überprüfung in Anspruch genommen wird. Weil ihm die Idee einer geltungskritischen Vernunftreflexion aus der Perspektive der ersten Person als Ausdruck einer sich selbst überschätzenden unhistorischen Subjektivität erscheint, wird der hermeneutische Prozess vom Individuum weg- und in den Überlieferungszusammenhang hineinverlagert.

»In Wahrheit gehört die Geschichte nicht uns, sondern wir gehören ihr. Lange bevor wir uns in der Rückbesinnung selber verstehen, verstehen wir uns auf selbstverständliche Weise in Familie, Gesellschaft und Staat, in denen wir leben. Der Fokus der Subjektivität ist ein Zerrspiegel. Die Selbstbesinnung des Individuums ist nur ein Flackern im geschlossenen Stromkreis des geschichtlichen Lebens. *Darum sind die Vorurteile des einzelnen weit mehr als seine Urteile die geschichtliche Wirklichkeit seines Seins.*« (WM, 261)

Im Rahmen dieser subjektkritischen Argumentation begründet Gadamer seine Rehabilitierung von Autorität und Tradition, deren Kern in seiner systematischen Bevorzugung des Klassischen zu suchen ist. Unter diesem Titel fasst er diejenigen Vorurteile, die sich als Bedingungen der Kritik anderer Vorurteile im Überlieferungszusammenhang durchsetzen. »Klassisch ist, was der historischen Kritik gegenüber standhält, weil seine geschichtliche

Herrschaft, die verpflichtende Macht seiner sich überliefernden und bewahrenden Geltung, aller historischen Reflexion schon vorausliegt und sich in ihr durchhält.« (WM, 271) Gadamers normative Auszeichnung des Klassischen läuft darauf hinaus, dass es klassische Vorurteile gibt, die sich von den illegitimen durch ihre historisch etablierte Maßstäblichkeit unterscheiden. So liefern in der Texthermeneutik die Klassiker die kanonischen Maßstäbe, an denen gemessen das Unerhebliche aus der Tradition ausgeschieden wird. Am Phänomen der Klassizität zeige sich demnach am deutlichsten, dass der menschliche Wirklichkeitszugang als solcher Vorurteilscharakter hat und eine Beseitigung aller Vorurteile mithin auf den Verlust dieses Zugangs hinausliefe.

Gadamers Rehabilitierung des Vorurteils durch eine ihrer Endlichkeit bewusste Vernunft zielt auf die Aufhebung des Dualismus von Tradition und Vernunft, deren sachliche Begründung am Horizontphänomen ansetzt. Der Horizont bildet einen unthematischen Rahmen von miteinander holistisch verknüpften Mustern des Denkens, Wahrnehmens, Erinnerns etc., aus dem zwar Ausschnitte herausgegriffen werden können, deren Explikation jedoch stets aufs Neue von einem impliziten Horizont getragen wird. Eben aufgrund dieses Hintergrundcharakters bleibt der tradierte Horizont des Überlieferungszusammenhangs dem erkennenden Subjekt immer im Rücken und kann nicht als Ganzes expliziert werden.

Lassen sich aber mit dem Horizontphänomen die hermeneutische Diskreditierung der Erste-Person-Perspektive und ein starker traditionalistischer Kontextualismus begründen? In diesem Punkt hat Gadamer bald nach dem Erscheinen von *Wahrheit und Methode* erhebliche Kritik erfahren, vor allem durch Jürgen Habermas und Karl-Otto Apel. Die entsprechende Diskussion stand unter dem Titel *Hermeneutik und Ideologiekritik.*[98] Habermas kritisiert an Gadamers Hermeneutik die Methodenfeindlichkeit, die

Tendenz, den Überlieferungszusammenhang zu hypostasieren und daraus resultierend die Rehabilitierung des Vorurteils als solches, die die Kraft der Reflexion unterschlage.[99] Dabei lehnt er die hermeneutische These, dass unthematische Vorverständnisse jede Kommunikation tragen, keineswegs ab, insistiert aber darauf, diese Einsicht in die Genese von Überzeugungen nicht gegen die Möglichkeit geltungskritischer Reflexion auszuspielen.

Habermas' Argument lässt sich an dem Verhältnis von »horizontaler« Vorstruktur und Vorurteil erläutern. Aus dem Holismus dieser Struktur und ihrem impliziten Charakter formt Gadamer nämlich sein Argument gegen die Hintergehbarkeit von Vorurteilen: Gerade weil solche Vorurteile Teil des Hintergrunds seien, bestimmen sie das Verstehen, ohne dem Einzelnen bewusst zu sein. Was aber nicht bewusst sei, könne auch nicht Gegenstand geltungskritischer Reflexion werden. Dagegen lässt sich einwenden, dass schon im Begriff des Vorurteils die Möglichkeit angedeutet wird, das Implizite zu explizieren. Vorurteile können in Urteile transformiert werden und sind dann der Kritik zugänglich. Zwar ist der Horizont des geschichtlichen Vorverständnisses in der Tat nicht als Ganzes explizierbar und wirft insofern einen Schatten, den das Licht der Reflexion prinzipiell nicht erhellen kann. Aber daraus folgt nicht, dass es unmöglich wäre, spezifisch leitende Vorverständnisse als Vorurteile reflexiv zu machen. Und soweit einem Individuum diese Explikation gelingt, kann aus dem passiven Geschehen des Verstehens wieder eine aktive hermeneutische Leistung verantwortlicher Subjekte werden.

Die Geschichtlichkeit des Verstehens

Gadamers hermeneutische Kontextualisierung der Vernunft läuft, das sollte die Analyse des Zusammenhangs von impliziter Vorstruktur und explizierbarem Vorurteil deutlich machen, keineswegs unvermeidlich auf die Depotenzierung rationaler Kritik und die Entwertung des eigenverantwortlichen Urteils hinaus. Bei seiner Ausarbeitung der Geschichtlichkeit des Verstehens verhält es sich ähnlich: Ob die hermeneutische Untersuchung der Zeitform unseres Vorverständnisses tatsächlich die von Gadamer nahegelegten subjektkritischen Konsequenzen hat, muss an den Argumenten überprüft und darf nicht als selbstverständlich vorausgesetzt werden. »*Das Verstehen*«, so lautet die antisubjektivistische These, »*ist selber nicht so sehr als eine Handlung der Subjektivität zu denken, sondern als Einrücken in ein Überlieferungsgeschehen*, in dem sich Vergangenheit und Gegenwart beständig vermitteln« (WM, 274 f.). Welche Strukturmomente kennzeichnen dieses Überlieferungsgeschehen, in das die Subjekte eingerückt werden?

Gadamers Ansatzpunkt liegt hier in dem zeitlichen Abstand zwischen dem zu Verstehenden und dem Subjekt des Verstehens, den es positiv als Überlieferungszusammenhang ernst zu nehmen gelte. Bildlich gesprochen: Die geschichtliche Distanz ist ein Verstehen ermöglichender Weg, der gegangen, kein Abgrund, der zwecks Erreichung einer scheinbaren Gleichzeitigkeit übersprungen werden müsse. Zur Erläuterung greift Gadamer auf den Gedanken des hermeneutischen Zirkels zurück, der uns ja schon von Ast und Schleiermacher her vertraut ist. Vorverständnis im Sinne des geschichtlich tradierten Horizonts, der die Antizipation von Sinn gewährleistet und aktuelle Verstehensbemühung stehen in einem wechselseitigen Bedingungsverhältnis, bei dem in Gadamers Deutung der Akzent freilich unübersehbar auf dem

Ganzen, dem Sinnhorizont der Tradition liegt. Der Abstand der Zeit erscheint so betrachtet als eine aus hermeneutischen Zirkelbewegungen gebildete Kette, er ist »ausgefüllt durch die Kontinuität des Herkommens und der Tradition, in deren Licht uns alle Überlieferung sich zeigt« (WM, 281). In der hermeneutischen Filterfunktion des zeitlichen Abstands zeigt sich vielleicht am deutlichsten Gadamers »Klassizismus«. Diese Funktion besteht nämlich hauptsächlich darin, das »Absterben aller aktuellen Bezüge« zu verbürgen. Gadamer ist hier von der Idee geleitet, dass die affektiven und volitionalen Lebensbezüge des Verstehens den »wahren Gehalt« und die »wahre Bedeutung« des zu Verstehenden verbergen und deshalb erst die historische Distanz zur Eigenbestimmtheit des Gegenstands und seiner möglichen Klassizität befreit. Von Diltheys Selbstauslegung des Lebens und Heideggers Hermeneutik der Faktizität ist diese Konzeption denkbar weit entfernt.

Für die Operationsweise des hermeneutischen Zirkels, der sich zwischen tradiertem Vorverständnis und aktuellem Verstehen aufspannt, hat Gadamer die breit rezipierten Begriffe der Wirkungsgeschichte bzw. – im Falle ihrer bewussten Übernahme – des wirkungsgeschichtlichen Bewusstseins geprägt. Verstehen ist genuin ein wirkungsgeschichtlich bestimmter Prozess; es hat keinen unmittelbaren, naiven Zugriff auf seine Gegenstände, sondern unterliegt immer vielfältigen Vermittlungen, die nur partiell bewusst gemacht werden können, in ihrer Wirksamkeit aber ohnehin ganz unabhängig davon sind, ob sie subjektiv berücksichtigt werden. »Das gerade ist die Macht der Geschichte über das endliche menschliche Bewußtsein, daß sie sich auch dort durchsetzt, wo man im Glauben an die Methode die eigene Geschichtlichkeit leugnet.« (WM, 285) Der Terminus »Wirkungsgeschichte« akzentuiert also die Präsenz des Vergangenen in der Gegenwart, die auch anonymen Charakter haben kann.

Was bedeutet dann aber »wirkungsgeschichtliches Bewußtsein«? Denn als ein reflexives Wissen um den Horizont des eigenen Vorverständnisses kann es offenbar nicht verstanden werden, ist der Horizont doch eben als solcher nicht explizierbar. Gadamer führt hier das Stichwort der »hermeneutischen Situation« ein, die mit dem »hermeneutischen Horizont« korreliert. Situationen sind kontextspezifische Standpunkte, die jeweils bestimmte Deutungshorizonte öffnen und andere verschließen. Und wirkungsgeschichtliches Bewusstsein ist dann primär das Wissen darum, sich stets in einer solchen Situation zu befinden, die sich nicht vergegenständlichen und damit nicht distanzieren lässt. Insofern läuft es auf die Einsicht hinaus, dass es einen standpunktlosen Standpunkt, einen »Blick von Nirgendwo« (Th. Nagel) nicht geben kann. Die Anerkennung der historisch gewachsenen Situativität des eigenen Blicks ist nach Gadamer jedoch nur der erste Schritt, dem eine inhaltliche Bestimmung folgen muss. Hier kommt nun die berühmte These von der Horizontverschmelzung ins Spiel.

Die Polarität von Situation und Horizont, Text und Kontext usw. stellt ja ein allgemeines Merkmal des Verstehens dar. Durch dessen Geschichtlichkeit kommt es nun dazu, dass der Horizont der Gegenwart über ein wirkungsgeschichtliches Kontinuum vom Horizont der Vergangenheit mitbestimmt wird, von dem er sich auf der anderen Seite genau dadurch unterscheidet, dass diejenigen Verstehensleistungen in ihn eingegangen sind, die zwischen der vergangenen Sinnfigur und ihrer gegenwärtigen Deutung als Wirkungen der Vergangenheit vollzogen worden sind. Gegenwartshorizont und Vergangenheitshorizont unterscheiden sich demnach deshalb voneinander, weil Ersterer der vorläufige Endpunkt der Wirkungsgeschichte des Letzteren ist. Schlussendlich sind Gegenwart und Vergangenheit für Gadamer insofern nur Momente eines einzigen hermeneutischen Zirkels, und es ist in

Wahrheit »also ein einziger Horizont, der all das umschließt, was das geschichtliche Bewußtsein in sich enthält« (WM, 288).

Die Pointe dieses Gedankens besteht nun darin, dass die Einheit dieses Horizonts nur über die Erfahrung der Verschiedenheit seiner Teilhorizonte möglich wird. Anders gesagt: Um den wirkungsgeschichtlichen Zusammenhang zu verstehen, durch den die Gegenwart mit der Vergangenheit verbunden ist, muss zunächst die Eigenbestimmtheit des historischen Horizonts herausgearbeitet werden. Wenn man hingegen unhistorisch den eigenen Horizont in die Vergangenheit zurückprojiziert, wird man des Abstands gar nicht erst gewahr, dessen Ausfüllung von der Wirkungsgeschichte geleistet wird. Den Prozess, in dem das Andere als solches im Unterschied zum Eigenen erfahrbar und damit gleichzeitig das Eigene als Moment der Wirkungsgeschichte des anderen verstehbar wird, nennt Gadamer »Horizontverschmelzung«: »Im Vollzug des Verstehens geschieht eine wirkliche Horizontverschmelzung, die mit dem Entwurf des historischen Horizonts zugleich dessen Aufhebung vollbringt. Wir bezeichnen den kontrollierten Vollzug solcher Verschmelzung als die Aufgabe des wirkungsgeschichtlichen Bewußtseins.« (WM, 290)

Eine offenkundige Voraussetzung dieser differenzierten Analyse historischen Verstehens liegt darin, dass es überhaupt eine Wirkungsgeschichte gibt. Unter der Voraussetzung der Kontinuität abendländischer Kultur scheint dies unproblematisch, zumal dann, wenn ein humanistischer Kanon klassischer Werke im Hintergrund mitgedacht wird, der die geistige Landschaft der Überlieferung begrenzt und vereinheitlicht. Wendet man sich hingegen dem Thema des interkulturellen Verstehens zu, verliert die Idee des wirkungsgeschichtlichen Bewusstseins ihre tragende Kraft. So plausibel es beispielsweise ist, das zeitgenössische Interesse für den Humanismus der Renaissance unter dem Aspekt der Horizontverschmelzung zu sehen, so wenig leuchtet dies etwa für die ethnologische Forschung ein, deren Verstehensbegriff ohne die Hintergrundgewissheit wirkungsgeschichtlicher Kontinuität auskommen muss.

Die hermeneutische Horizontverschmelzung in Gadamers Sinn könnte man auch als die gelingende Aktualisierung des Vergangenen bezeichnen, die sich ebenso sehr von seiner historisierenden Distanzierung wie von seiner vordergründigen Nutzbarmachung unterscheidet. Das vom wirkungsgeschichtlichen Bewusstsein geleitete Verstehen ist also darauf aus, den Sinn des Vergangenen für die Gegenwart sprechend zu machen. Diesen Aspekt bezeichnet Gadamer, einen alten Sprachgebrauch weiterführend, als »Anwendung« bzw. »Applikation«. Der Titel benennt innerhalb einer Hermeneutik, die die Tradition normativ auszeichnet, dasjenige, was pragmatisch als Lebensbezug bzw. als die handlungsleitende Funktion des Verstehens gefasst werden würde. Für Gadamer zielt »Applikation« auf die gegenwärtige Konkretisierung normativ vorgängiger Sinngebilde. Deshalb entwickelt er diesen Begriff auch im Rekurs auf die juristische und die theologische Hermeneutik. In beiden Fällen geht es darum, einen verbindlichen Text auf konkrete Lebenssituationen zu applizieren: Gesetzestexte auf Fälle, Bibeltexte auf religiöse Fragen. »Applikation ist keine nachträgliche Anwendung von etwas gegebenem Allgemeinen, das zunächst in sich verstanden würde, auf einen konkreten Fall, sondern ist erst das wirkliche Verständnis des Allgemeinen selbst, das der gegebene Text für uns ist.« (WM, 323) Eine pragmatischere Hermeneutik, die den Fragen der Gegenwart den Primat vor den Texten der Tradition gibt, wird sich mit diesem Applikationsmodell kaum anfreunden können, weil hier der Handlungsbezug des Verstehens nur als Aktualisierung der normativen Überlieferung, nicht als personale Kompetenz gefasst wird.

Der »Vorgriff der Vollkommenheit«

Wenn Verstehen auf eine Horizontverschmelzung abzielt, die das wirkungsgeschichtliche Bewusstsein ins Recht setzt, von welchen Prämissen muss sich die Auslegung dann leiten lassen? Gibt es sinnlogisch notwendige Antizipationen des Verstehens? Gadamer antwortet hier mit dem Verweis auf den »Vorgriff der Vollkommenheit, der all unser Verstehen leitet«. Dieser Vorgriff besagt, »daß nur das verständlich ist, was wirklich eine vollkommene Einheit von Sinn darstellt« (WM, 278). Eine Verständnisschwierigkeit liegt hier in der Unklarheit des Ausdrucks »vollkommene Einheit von Sinn«. Es bietet sich daher an, auf Bekanntes zurückzugreifen und Gadamers Vollkommenheitsunterstellung zunächst auf der Linie von Georg Friedrich Meiers hermeneutischem Billigkeitsprinzip[100] zu interpretieren. Sie läuft dann auf die Maxime heraus, einen Text oder eine Äußerung so zu interpretieren, dass ein Maximum von Verständlichkeit und Sinn erreicht wird. Solche Sinnantizipationen sind, das hatte die Diskussion Meiers ergeben, Voraussetzungen der Verständlichkeit von Sprache überhaupt und machen beispielsweise erst erklärbar, warum metaphorische Äußerungen nicht als Unsinn abgetan, sondern verstanden werden. In der Form des »principle of charity« spielen sie seit Wilson, Quine und Davidson auch in der analytischen Sprachphilosophie eine zentrale Rolle. Das Nachsichtigkeitsprinzip wird in dieser Tradition in der Regel als die Aufforderung verstanden, diejenige Interpretation der Sätze eines Sprechers zu wählen, die die meisten seiner Aussagen wahr macht.

Gadamers Vorgriff der Vollkommenheit schließt das mit solchen Billigkeits- bzw. Nachsichtigkeitsprinzipien Gemeinte zwar ein, geht aber offensichtlich darüber hinaus. Obwohl auch Georg Friedrich Meier im Zusammenhang seines Prinzips von Vollkommenheit spricht – nämlich derjenigen des göttlichen Zeichenurhebers –, kann die philosophische Hermeneutik nicht mehr auf seine religiös-metaphysische Begründung zurückgreifen. Inwiefern lässt sich also behaupten, dass der Interpret einer Sinngestalt nicht nur deren Verständlichkeit und Wahrheitsbezug, sondern sogar ihre Vollkommenheit voraussetzen muss, um verstehen zu können? Gadamer unterscheidet in diesem Zusammenhang zwischen einem inhaltlichen und einem formalen Aspekt der Vollkommenheitsthese. Formal geht es darum, »daß ein Text seine Meinung vollkommen aussprechen soll«, inhaltlich darum, »daß das, was er sagt, die vollkommene Wahrheit ist« (WM, 278). Der formale Aspekt zielt auf die Wohlgeformtheit der sprachlichen Äußerung, die Angemessenheit der gewählten Ausdrucksmittel, die Kohärenz der Sätze untereinander, kurz: auf vollkommene Verständlichkeit. Inhaltlich geht es um die sachliche Wahrheit des im Text Gesagten, weshalb Gadamer auch sagen kann, Ziel »alles Verstehens ist das Einverständnis in der Sache« (WM, 276).

Läuft der Vorgriff der Vollkommenheit demnach darauf hinaus, dass man mit allem, was man versteht, auch einverstanden sein muss? Diese Konsequenz hat Gadamer in seiner Replik auf Habermas' Kritik zurückgewiesen: »Wer verstehen will, braucht das, was er versteht, nicht zu bejahen.«[101] Wer verstehen will, so ließe sich ergänzen, muss jedoch unterstellen, dass das Gesagte formal verständlich ist und inhaltlich einen Wahrheits*anspruch* erhebt. Von Verständnis kann daher nur dort die Rede sein, wo zu diesem Wahrheitsanspruch begründet Stellung genommen wurde, sei es zustimmend oder ablehnend. Gadamer will aber wohl noch mehr sagen: Das von der Tradition Überlieferte und das im Gespräch vom Anderen Gesagte treten mit der Vermutung von Sinn und Wahrheit an uns heran. Hier macht sich wieder der Horizontgedanke geltend: Das Ganze unserer Meinungen über die Wirklichkeit kann gar nicht sinnvoll angezweifelt werden, es sind immer nur Teilaspekte, die sich gegebenenfalls begründet verwerfen lassen. Wir behandeln demnach den Horizont unseres Weltverhältnisses mit der gleichen Unschuldsvermutung, die unser Rechtssystem dem noch nicht verurteilten Angeklagten zugesteht. Von Vollkommenheit kann man dieser Deutung gemäß dann freilich nur noch in einem ziemlich eingeschränkten Sinn sprechen: Um verstehen zu können, müssen wir davon ausgehen, dass Texte und Äußerungen *im Großen und Ganzen* verständlich sind und einen Wahrheitsanspruch erheben, der nur durch Gegengründe entkräftet werden kann.

Eine ontologische Wende?

Als ein Fokus der Argumentation in *Wahrheit und Methode* hat sich schon mehrmals die Kritik am modernen Subjektivismus gezeigt, die Gadamer dazu bringt, Verstehen weniger als Aktivität denn als Geschehen zu konzipieren. Diese Tendenz, die sprachliche Symbolizität des Verstehens im Sinne eines unhintergehbaren, gewissermaßen autopoietischen Prozesses zu fassen, findet ihren Höhepunkt im III. Teil des Buches, betitelt »Ontologische Wendung der Hermeneutik am Leitfaden der Sprache«. Nun hatte ja bereits Heidegger in *Sein und Zeit* versucht, über den Gedanken des Seinsverständnisses die ontologische Frage mit hermeneutischen Mitteln neu zu stellen. Dort erschließt sich der Sinn von Sein aber nicht primär über sprachlich geformte Traditionsprozesse, sondern im vorprädikativ-praktischen Weltumgang. Die ontologische Wende ist also ein Erbe Heideggers, und der neue Akzent, den Gadamer setzt, liegt in der Zurückdrängung des Pragmatismus zugunsten einer Sprachontologie. In ihr tauchen Sprecher als autonom Handelnde gar nicht auf. Das Phänomen der Artikulation, des Gebrauchs der Sprache zum Ausdruck von persönlicher Erfahrung, das Dilthey und Heidegger an zentraler Stelle behandelt haben, tritt bei Gadamer als selbständiger Sachverhalt nicht in Erscheinung, weil er Sprache nicht als Wechselbeziehung zwischen der Erste-Person-Aktivität des Sprechens und dem sprachlich Allgemeinen denkt. Man könnte fast sagen, dass die Sprache in die Rolle eines Quasi-Subjekts einrückt, ganz analog zu dem Diktum des späten Heidegger, mit dem er sich vom Pragmatismus seines frühen Denkens verabschiedet: »Die Sprache spricht.«

Die Universalität der Hermeneutik gründet für Gadamer in der ontologischen Bedeutung der Sprache. Das wirkungsgeschichtliche Kontinuum, in dem sich der unhintergehbare Horizont des Verstehens bildet, hat die Gestalt eines sprachlichen Zusammenhangs. Dementsprechend lautet einer der meistzitierten – wenn auch nicht einer der klarsten – Sätze aus *Wahrheit und Methode*: »*Sein, das verstanden werden kann, ist Sprache*.« (WM, 450) Das universale Medium unserer Weltbeziehung können wir nicht von der Wirklichkeit abstrahieren, um zu sehen, wie sie sich denn unverstanden ausnehmen würde. Alles hat eine hermeneutische Dimension: »Denn sprachlich und damit verständlich ist das menschliche Weltverhältnis schlechthin und von Grund aus. Hermeneutik ist [...] insofern *ein universaler Aspekt der Philosophie* und nicht nur die methodische Basis der Geisteswissenschaften.« (WM, 451)

Innerhalb dieser Sprachontologie kommt dem Interpreten die Rolle des Hörenden zu, der sich als einer Tradition der Sinnerschließung zugehörig und von ihr getragen erfährt. Dies hat letztlich zur Konsequenz, dass die Polarität von Sprechen und Hören aufgelöst und durch ein Hören auf die »Bewegung der Sache« selbst, wie Gadamer mit Hegel sagt, ersetzt wird. Nicht selten kann der Leser deshalb den Eindruck gewinnen, bei Gadamer werde die Sprache zum Selbstläufer: »Die Sprache, die die Dinge führen, [...] sie ist die Sprache, die unser endlich-geschichtliches Wesen vernimmt.« (WM, 451 f.) Demgegenüber ist darauf zu bestehen, dass nicht die Dinge eine Sprache führen, sondern Menschen, deren Sprachgebrauch ebenso sehr auf neuartige Weise ihre Erfahrungen artikulieren kann, wie diese Erfahrungen umgekehrt natürlich von der sprachlich überlieferten Tradition geprägt sind. Die Rolle des Sprechers und seiner Erste-Person-Erfahrung scheint in Gadamers Sprachontologie ausgeklammert – genauso wie die sprachliche Perspektive der dritten Person und mit ihr die in den Naturwissenschaften entscheidende Möglichkeit referentiellen Sprachgebrauchs, in der Realität eben nicht mehr als Korrelat menschlichen Sinnverstehens erschlossen wird.

Der Begriff des nicht explizierbaren Horizonts, die Aufdeckung der Vorstruktur des Verstehens als ein wirkungsgeschichtlicher Zusammenhang, die Analyse des verstehensermöglichenden Vorgriffs auf Sinn und Wahrheit sind zentrale Bestandteile von *Wahrheit und Methode*. Gadamer hat diese Grundgedanken in seiner hermeneutischen Synthese mit den Aspekten der Methodenskepsis, des Traditionalismus, der Subjektkritik und schließlich der Sprachontologie verbunden. Auf den vorangegangenen Seiten habe ich gezeigt, dass diese Verbindung nicht immer sachlogisch begründet werden kann. Eine Hermeneutik nach Gadamer steht deshalb keineswegs vor der misslichen Alternative, seine Synthese als Ganze zu akzeptieren oder zu verwerfen.

5. Hermeneutik heute

Tendenzen gegenwärtiger Hermeneutik

Auf die Probleme, die dem hermeneutischen Denken durch die öffentliche Dominanz der gadamerschen Synthese in der Vergangenheit entstanden sind, habe ich schon hingewiesen. Es ist wichtig, gegen solche vereinfachenden Identifizierungen auf der Pluralität der Hermeneutik zu bestehen. Der Vielfalt der Verstehensformen und -gegenstände, auf die ich in der Einleitung hingedeutet habe, entspricht auch eine Vielfalt in der Theoriebildung. Nur so lässt sich nämlich der Tatsache Rechnung tragen, dass es nicht gelingen kann, eine einzige schlechthin paradigmatische Form des Verstehens zu isolieren, die dann allen anderen als Muster dienen könnte. Es bietet sich dementsprechend an, die Verben »verstehen«, »auslegen« und »interpretieren« als Überbegriffe für eine ganze Reihe von Phänomenen zu behandeln, denen eine Familienähnlichkeit deshalb eignet, weil sie Realität als Korrelat lebensweltlicher Erfahrung aufschließen, diese also als »sinnhaft« verständlich machen. Hermeneutik wäre dann jene Theorie, die die Vielfalt solcher lebensweltlichen Zugänge beschreibt, analysiert, ihre Wechselbeziehungen untersucht und insbesondere auch der Frage nachgeht, wie sie sich zum wissenschaftlichen Denken verhalten.

Als orientierendes Gerüst für solche Fragen bietet sich das System der Personalpronomina an, das seit Wilhelm von Humboldt (1767-1835) als eine sprachliche Universalie gilt. Hermeneutik hat es demnach mit denjenigen Wirklichkeitsperspektiven zu tun, denen die Sprecherperspektive der ersten Person in ihrer internen kommunikativen Verbindung zur Hörerperspektive der zweiten Person entspricht. (Natur-)wissenschaftliches Denken setzt hingegen die Beobachterperspektive der dritten Person voraus. Die Hermeneutik könnte sich dann bei der Ausarbeitung ihrer Fragestellungen von der Überzeugung leiten lassen, dass erst der Verbund aller im System der Personalpronomina vorstellig gemachten Weltperspektiven ein unverkürztes Bild menschlicher Erfahrung ermöglicht. Dementsprechend dürfte beispielsweise die Perspektive der dritten Person weder einfach lebensweltlicher Erfahrung subsumiert – man könnte das als den *hermeneutizistischen Fehlschluss* bezeichnen – noch in Form eines naturalistischen Fehlschlusses verabsolutiert werden. Ohne einen solchen korrigierenden Rahmen besteht die Gefahr, dass die von Gadamer geltend gemachte Universalität des Hermeneutischen in eine hermeneutische Weltanschauung umschlägt, die gar nicht mehr in der Lage ist, das naturwissenschaftliche Denken in seinem eigenen Recht wahrzunehmen. Jeder hermeneutische Ansatz, dem dies nicht mehr gelingt, ist allerdings in einer Welt, die täglich mehr von Naturwissenschaften und Technik bestimmt wird, zur völligen Bedeutungslosigkeit verdammt.

Eine solche pluralisierte Hermeneutik stünde dann auch jenseits des gadamerschen Traditionalismus. Dieser ist, wie ich gezeigt habe, wesentlich durch zwei eng miteinander verbundene Aspekte gekennzeichnet: zum einen durch die Vernachlässigung des primären, kreativen Verstehens zugunsten des sekundären und zum anderen durch den normativen Rang des Klassischen. Beide Aspekte verlieren stark an Gewicht, sobald sich die hermeneutische Reflexion an der empirisch vorfindlichen Vielfalt von Verstehensprozessen orientiert. Dabei treten Gesichtspunkte in den Vordergrund, die sich aus der Perspektive der gadamerschen Synthese kaum nahelegen, die aber in der neueren Entwicklung eine wichtige Rolle spielen. Ich werde zunächst einige dieser neuen Gesichtspunkte darstellen, in denen die Vielfalt hermeneutischen Denkens sichtbar wird, um dann auf die aktuelle Hermeneutik-Renaissance innerhalb der analytischen Philosophie des Geistes einzugehen. Die letztgenannte wichtige Entwicklung lässt sich nämlich in ihrer Reichweite und ihren Grenzen besser einschätzen, wenn man sich auch die innovativen Potentiale der universalisierten Hermeneutik seit Dilthey vor Augen führt, die von den geisttheoretisch inspirierten Autoren wie Oliver Scholz und Wolfgang Detel zugunsten einer Wiederanknüpfung an Positionen des 17. und 18. Jahrhunderts eher gering veranschlagt worden sind.

Hier ist zunächst die (lebens-)praktische Dimension des Verstehens zu erwähnen, die sich wie ein roter Faden durch die Theoriebildung der hermeneutischen Klassiker Dilthey und Heidegger zieht – ein Faden, der von Gadamer freilich nicht aufgenommen wird. Dem entspricht philosophiegeschichtlich eine sachliche Konvergenz von Pragmatismus und Hermeneutik, die bisher wenig erforscht worden ist. Dass Verstehensprozesse als Strukturmerkmale eines Interaktionszusammenhangs zwischen Individuum, Mitwelt und Umwelt begriffen werden müssen und deshalb die Teilhabe an gemeinsamen Praktiken voraussetzen, hinter diese Einsicht kann nach der pragmatischen Wende der Hermeneutik nicht mehr zurückgegangen werden. Die überwiegend deutschsprachige Hermeneutik und der amerikanische Pragmatismus konvergieren in der Kritik am Primat der theoretischen Philosophie, genauer an der Vorstellung, das menschliche Weltverhältnis sei primär im Ausgang von kognitiven Akten bzw., nach dem »linguistic turn«, von der Darstellungsfunktion der Sprache zu erfassen. Die hermeneutisch-pragmatische Rehabilitierung der praktischen Philosophie geht demgegenüber davon aus, dass Kognitionen selbst Handlungen sind – also interaktiven Charakter haben – und als Teilaspekte eines praktischen Weltbezugs verstanden werden müssen, der gleichursprünglich emotionale und volitionale Aspekte einschließt. Die inspirierende Kraft dieses Grundgedankens lässt sich freilich in sehr verschiedene Richtungen entfalten, woraus dann mehr oder minder explizit hermeneutische Positionen resultieren. So kann man, um nur drei Beispiele zu nennen, mit Richard Rorty den Aspekt der Kritik an epistemischen Konzeptionen der Philosophie, mit Jürgen Habermas und Karl-Otto Apel die Bedeutung der Pragmatik von Verständigungsprozessen oder mit Ferdinand Fellmann die affektiv-volitionale Komponente lebensweltlicher Symbolbildungen betonen.

In seinem bekannten Buch *Philosophy and the Mirror of Nature* von 1979 entwickelt Richard Rorty eine weit ausgreifende Kritik der Philosophie, sofern diese sich als Analyse unserer Repräsentationen der Wirklichkeit begreift. Die erkenntnistheoretisch verstandene Philosophie habe sich einem unhaltbaren Wahrheitsideal verpflichtet, eben der Vorstellung von einem Spiegel der Natur. An deren Stelle setzt Rorty eine pragmatistische Konzeption unseres Weltverhältnisses, die den Gegensatz von Denken und Handeln ebenso wie die Suche nach der einen Wahrheit obsolet machen soll. »Pragmatistisch« bedeutet hier vor allem, dass der Weltbezug nicht vom Streben nach Einblick in die subjektunabhängigen Strukturen des Realen, sondern von den Handlungsmustern reguliert wird, die sich in unseren sozial erzeugten, geschichtlich kontingenten Vorstellungen des Guten ausdrücken. Die erkenntnistheoretische Orientierung hindere, so argumentiert Rorty, die Philosophie daran, ihren Platz »im Gespräch der Menschheit«[102] einzunehmen.

Rorty plädiert daher für ein Gesprächsmodell der Philosophie im Sinne einer Selbstverständigung über unsere kulturellen Traditionen. Seine Konzeption des Gesprächs ist stark von Gadamer geprägt und Hermeneutik demgemäß »Ausdruck der Hoffnung, die kulturelle Leerstelle werde nach dem Abgang der Erkenntnistheorie gerade *nicht* neubesetzt«[103]. Positiv sucht Rorty den sozialen Sinn einer postepistemisch-hermeneutischen Philosophie in dem Begriff der Bildung als »Selbstformung«[104] zu fassen. Die Auslegung der kulturellen Tradition erscheint in dieser pragmatischen Sicht als motiviert durch die »Suche nach neuen, besseren, interessanteren und ergebnisreicheren Beschreibungsweisen«[105] des eigenen Selbst, sie ist wichtigstes Mittel der bewussten Selbstgestaltung und -verständigung. Allerdings muss klar gesagt werden, dass Rorty einen ganz zentralen Aspekt des diltheyschen wie des klassisch-amerikanischen Pragmatismus ausblendet: die realistische Überzeugung nämlich, dass uns unsere hermeneutischen Praktiken mit etwas konfrontieren, das unabhängig von uns ist und Objektivität in unser Denken und Handeln bringt.

In der pragmatisierten Hermeneutik Rortys ist jedenfalls das Dominanzverhältnis der Tradition über die Gegenwart, wie es *Wahrheit und Methode* prägt, auf den Kopf gestellt – oder vom Kopf wieder auf die Füße? Gadamer wird durch Rorty höchst nachhaltig entplatonisiert und entontologisiert, so dass sogar die Überlieferungsgeschichte zur Selbstbedienung der Gegenwart freigegeben wird: »Gadamer führt seinen Begriff des *wirkungsgeschichtlichen Bewußtseins* (eines Bewußtseins von Vergangenem, das uns verändert) ein«, so steht im *Spiegel der Natur* zu lesen, »um eine Einstellung zu beschreiben, der es weniger darum zu tun ist, was es da draußen in der Welt alles gibt oder in der Geschichte alles gegeben hat, als darum, was wir aus Natur und Geschichte für unsere eigenen Zwecke ›herausholen‹ können.«[106] Wenn dieser Satz auch sicher keine adäquate Beschreibung von Gadamers Position liefert, so benennt er doch präzise den pragmatischen Rahmen, innerhalb dessen lebensweltliche Verstehensprozesse angesiedelt sind. Interpretationen unter der leitenden Perspektive, dass sie zum Gelingen des eigenen Lebens im Horizont seiner gegenwärtigen Nöte und Möglichkeiten beitragen, stellen für eine pragmatisierte Hermeneutik den Normalfall dar. Sie auf den gadamerschen Namen des »wirkungsgeschichtlichen Bewusstseins« zu taufen hat allerdings etwas Gewaltsames an sich.

Während Rorty Gadamers Gesprächshermeneutik unter der Rücksicht einer kulturellen Selbstverständigung aufnimmt, der es vor allem um »bildungswirksame« soziale wie individuelle Neubeschreibungen geht, betonen Apel[107] und Habermas[108] gegen Gadamer und Rorty die normative Kraft der Pragmatik von Verständigungsprozessen. Habermas' Ausgangspunkt ist der interne Zusammenhang von Verstehen und Verständigung, von dem aus er die Umrisse einer »transzendentalen Hermeneutik bzw. formalen Pragmatik«[109] herausarbeiten möchte. Die hermeneutische Tradition – vor allem Heidegger und Gadamer – habe einerseits zwar, so lässt sich seine Position zusammenfassen, den »linguistic turn« vollzogen und zu Recht die weltbildende Funktion des sprachlichen Horizonts und mit dieser den verstehenden Charakter unseres Weltzugangs ins Zentrum gerückt. Diesen hermeneutischen Ansatz bei den jeweils traditionsspezifischen Prozessen der kulturellen Selbstverständigung übernimmt Habermas, wie sich vielleicht am deutlichsten in seinen Interpretationen zum *philosophischen Diskurs der Moderne*[110] zeigt. Andererseits lasse sich die Hermeneutik aber von einem verkürzten Modell sprachlicher Weltverständigung leiten und bedürfe daher einer Korrektur in Richtung auf die Einbeziehung des Gegenstandsbezugs und der Pragmatik der Verständigung.

Habermas' Argumentation zielt in diesem Zusammenhang darauf ab, sowohl der hermeneutischen als auch der analytischen Tradition ein reduziertes Verständnis der sprachlichen Weltbeziehung nachzuweisen, um vor dieser Folie sein Projekt einer transzendentalen Hermeneutik zu plausibilisieren, das auf die Explikation des Wechselverhältnisses zwischen Verstehen und Verständigung setzt. Entscheidend sei die Berücksichtigung aller Funktionen der Sprache, die erst den Schlüssel für eine angemessene Konzeptualisierung des Verstehens liefere. Ein solches nichtreduktionistisches Sprachmodell erläutert Habermas im Rückgriff auf Wilhelm von Humboldt. Sprache ist demnach nur in der Verschränkung dreier analytischer Ebenen erschließbar, auf denen jeweils der »weltbildende Charakter der Sprache [...], die pragmatische Struktur von Rede und Verständigung [...] [bzw.] die Repräsentation von Tatsachen«[111] thematisch werden. Während sich nun die analytische Philosophie auf die Beziehung zwischen Sätzen und Tatsachen, also auf die Darstellungsfunktion der Sprache konzentriert habe, fokussiere die Hermeneutik deren weltbildenden Charakter, den unhintergehbaren, kontingenten Horizont des Vorverständnisses, innerhalb dessen sich jedes explizite Verstehen abspielen muss. Zugespitzt formuliert: Hermeneutiker entgegenständlichen die Sprache, Analytiker dekontextualisieren sie.

Vor dieser Folie platziert Habermas sein theoretisches Projekt. Sowohl die hermeneutische Horizontbildung als auch die analytische Tatsachenfeststellung abstrahierten von der fundamentalen Struktureigenschaft der Sprache, nur im Vollzug von Sprechakten realisiert zu sein, in denen Sprecher und Hörer sich miteinander redend verständigen wollen. Die pragmatische Wende der Hermeneutik ist somit in ihrer habermasschen Variante in der Pragmatik des Sprechens zentriert. Denn im Sprechen sind Verstehen und Verständigung intern verknüpft: Menschen verständigen sich im Horizont einer verstandenen Sprache mit anderen über etwas in der Welt. Die Sprachpragmatik soll die in Hermeneutik und analytischer Sprachphilosophie isoliert behandelten Weltbezüge verknüpfen. Wir verstehen immer, so könnte man den Gedanken auch erläutern, indem wir uns über etwas – über soziale Verhältnisse oder über Sachverhalte in der Welt – verständigen und können uns umgekehrt nur deshalb über etwas verständigen, weil wir gleichzeitig etwas verstehen – einen geteilten Hintergrund oder Horizont sprachlich-traditionell vermittelten Weltbezugs.

Warum kann Habermas diese Theorie verstehender Verständigung bzw. verständigen Verstehens, die er normalerweise als »formale Pragmatik« bezeichnet, auch als »transzendentale Hermeneutik« titulieren? Mit dem Adjektiv »transzendental« soll an den kantianischen Hintergrund der habermasschen Fragestellung erinnert werden, in der die normativen Implikationen unseres alltäglichen Sprechens und Handelns im Zentrum stehen. Das Phänomen des Verstehens als die Eigenart des humanspezifischen Weltbezugs kann nämlich, so argumentiert Habermas, seinerseits nur verstanden werden, wenn man die Ebene der Beschreibung faktischer Verstehensprozesse verlässt und nach den normativen Vorgaben fragt, die diese Prozesse lenken. Transzendentale Hermeneutik ist dann die Frage nach denjenigen Bedingungen des Verstehens, von denen sich zeigen lässt, dass sie realer Verständigung ermöglichend vorausliegen. Diese Bedingungen identifiziert Habermas mit der inneren Logik sprachlichen Handelns, mit den Geltungsansprüchen, an denen wir uns orientieren müssen, damit überhaupt Verständigung zustande kommen kann. Wenn beispielsweise der Hörer des Satzes »Draußen regnet es« dem Sprecher nicht unterstellen könnte, dass dieser sich damit auf eine objektive, für beide identische Welt bezieht, bliebe der Satz unverständlich. Eine transzendental-pragmatische

Hermeneutik bewegt sich durchgängig auf der Hochebene universaler Verstehensbedingungen und muss deshalb alle inhaltlichen Aspekte ausklammern.

Das Abstraktionsniveau dieser Theorie ist so hoch angesetzt, dass auch der praktische Vollzug des Verstehens nur von den formalen Kommunikationsbedingungen aus, nicht aber im Hinblick auf die produktiven Artikulationen der ersten Person Singular zum Thema wird. Die kommunikativen Muster bestimmen jedoch nicht allein die Pragmatik des Verstehens, zu der auch die Strukturen primärer Ausdrucksbildung gehören. Welche pragmatischen Muster steuern die Transformation bewussten Erlebens in symbolische, sinnhaft verständliche Ausdrucksgestalten? Diese Frage steht im Zentrum von Ferdinand Fellmanns symbolischem Pragmatismus. Während Habermas' Transzendentalhermeneutik ganz auf die Frage nach den Rationalitätspotentialen des Verstehens zugeschnitten ist, geht es Fellmann darum, das Verstehen »situationaler oder okkasioneller Bedeutungen«, die »ihren sprachlichen Ausdruck vornehmlich in evozierender oder poetischer Rede«[112] finden, zu explizieren. Solche Bedeutungen liegen Fellmann zufolge sachlogisch vor demjenigen, was kommuniziert wird, sie sind Äußerungsformen eines zuständlichen, präintentionalen Bewusstseins. Affekte und Willensimpulse spielen auf dieser Analyseebene eine fundamentale Rolle, weil sich in ihnen jene raumzeitlich situierte Perspektive der ersten Person ausbildet, die die lebensweltliche Erfahrung dominiert.

Fellmanns Hinwendung zu den situativen Bewusstseinszuständen als Quelle lebensweltlicher Bedeutungen resultiert nicht zuletzt aus der Einsicht, dass eine nur normativ-kommunikationstheoretisch ansetzende Hermeneutik ebenso Gefahr läuft, die realen Strukturen lebensweltlicher Erfahrung diesseits ihrer transzendentalen Bedingungen zu übersehen, wie umgekehrt auch der gadamersche Traditionalismus die Lebenswelt zugunsten eines normativen Klassizismus zu überspringen droht. Unter theoriegeschichtlichem Aspekt lässt sich der Lebensweltpragmatismus als eine Wiederanknüpfung an Dilthey nach Gadamer und Habermas verstehen. Diltheys Begriff des Lebens als Struktureinheit von Erlebnis, Artikulation und Verstehen, die eingespannt ist in einen Handlungskreis zwischen Mensch und Milieu, sein Holismus der Erste-Person-Perspektive und seine Theorie der inneren Bilder liefern ein kategoriales Gerüst, auf dem Fellmann seinen Entwurf des symbolischen Pragmatismus errichtet.

Mit dem Akzent auf der Symbolizität des Handelns soll herausgestellt werden, dass Subjektivität nur im Rahmen einer dreistelligen hermeneutischen Relation (bei Dilthey: Erlebnis, Ausdruck, Verstehen) begriffen werden kann. Gleichzeitig drängt Fellmanns Rückgang von der Kommunikation auf die Ebene des symbolgebrauchenden Bewusstseinslebens auf eine Erweiterung des Symbolbegriffs über die diskursiven Formen hinaus. In kommunikationstheoretischer Hinsicht erscheint die Koordination von Handlungsimpulsen als zentrale pragmatische Funktion des Verstehens. Bewusstseinstheoretisch steht hingegen die handlungsorientierende Kraft von Symbolen im Vordergrund, und aus dieser Perspektive zeigt sich, dass diskursive, auf kommunikative Eindeutigkeit zugeschnittene Symbole gegenüber dem bildhaften Bewusstsein sekundär sind. Fellmann rückt daher einen Typus von Symbolizität ins Zentrum, der von der traditionellen, im Bann der großen Texte stehenden Hermeneutik kaum wahrgenommen worden ist: die »präsentativen« im Unterschied zu den »diskursiven« Symbolen.

Diese Unterscheidung geht auf die Cassirer-Schülerin Susanne K. Langer (1895-1985) zurück und zielt auf Symbolformen, die Bedeutungen nicht durch die diskursive, gegliederte Aneinanderreihung sinnhafter Einheiten repräsentieren – wie dies beispielsweise bei Aussagesätzen der Fall ist –, sondern durch die simultane Präsentation eines Gebildes, das eine Vielzahl von Bezügen impliziert. Bildlichkeit ist der wichtigste Fall präsentativer Symbolik, wobei eben auch Sprache präsentativ verwendet werden kann, gewissermaßen zum Malen sprachlicher Bilder. Fellmann legt nun in seiner symbolisch-pragmatischen Neubestimmung des hermeneutischen Denkens größten Wert auf die handlungsorientierende Rolle bildlich-präsentativer Symbole. Ihre Berücksichtigung erschließe die fundamentale Dimension des prädiskursiven Verstehens, in dem Affektivität und Wille noch nicht von den kognitiven Aspekten isoliert seien. Pointiert gesagt: An die Stelle des habermasschen Junktims von Verstehen und Verständigung rückt Fellmann den Zusammenhang von Bildverstehen und Verhalten. »Geht man von der konkreten Erfahrung aus, so zeigt sich, dass Verhalten nicht von Begriffen, sondern von Bildern gesteuert wird, die sich der Mensch von der Situation macht, in der er sich befindet. Bilder steuern Verhalten als Leitbilder.«[113] Es scheint mir freilich sachlich nicht zwingend, die verhaltensorientierende Rolle von Begriffen und diskursiver Verständigung zu bestreiten, um den hermeneutischen Rang bildhafter Symbole anzuerkennen. Ein reflektierter hermeneutischer Pluralismus kann mehrere komplementäre Formen des Verstehens anerkennen und ihre Familienähnlichkeit herausarbeiten, weil er die Suche nach dem einen Königsweg aufgegeben hat.

Fellmanns Pragmatik des Bildverstehens korrigiert nachhaltig die Einseitigkeit diskursiver Verstehensmodelle. In Bildern vollzieht sich, so arbeitet er im Anschluss an die Poetik Diltheys heraus, allererst jene produktive Pointierung, Stilisierung und prägnante Formung der gelebten Erfahrung, durch die Menschen die Freiheit des Verstehens gegenüber dem Andrang ihrer Eindrücke, Gefühle und Willensimpulse gewinnen können. Diese hermeneutische Aufwertung präsentativer Symbole erlaubt überdies einen Brückenschlag zum Somatisch-Physiologischen, der den traditionellen Gegensatz von Natur- und Geisteswissenschaften relativiert. Denn das primäre Substrat präsentativer Bilder sind nicht sprachliche Konventionen, sondern leibliche – motorische und sensorische – Erfahrungen, die sich zum »Körperbild als Original der inneren Bilder«[114] verdichten. Auf der Grundlage eines asomatischen Repräsentationsbegriffs, wie er etwa im Computermodell des Geistes dominiert, sind präsentative Verstehensformen gar nicht darstellbar. An neuere kognitionswissenschaftliche Theorien einer »embedded«, »embodied« oder »extended cognition« hingegen lassen sie sich hingegen zwanglos anschließen, steht in diesen doch der gelebte Körper (Leib) im Zentrum, dessen räumliche Schemata die Grundlage unseres Gestaltverstehens ausmachen. Die Einsicht in die Bedeutung des Bildhaften erschließt dem hermeneutischen Denken jedenfalls neue Bereiche, die die traditionelle Hermeneutik nicht berücksichtigt hat. Beispielsweise ist es offensichtlich, dass bildhafte Darstellungsformen, besonders ikonische Zeichen, jenseits der Textkultur in den neuen elektronischen Medien eine zentrale Rolle spielen. Wenn Bilder tatsächlich ein elementares Medium des Selbst- und Weltverständnisses sind, stellt sich der Hermeneutik die Aufgabe, die Spezifik dieser neuartigen Formen von Symbolproduktion zu verstehen und ihr Verhältnis zu den traditionellen Formen zu bestimmen. Wie sich durch die allgemeine Zugänglichkeit digitaler Formen der Bilderzeugung und -verarbeitung die sozialen Vorlagen für innere Leitbilder verändern, wie sich bildhafte und diskursive Ausdrucksformen zueinander verhalten, welche Auswirkungen die spezifische Medialität des Verstehens auf die Struktureigenschaften von Selbstbildern und Handlungsmustern hat – solche Fragen zeigen ihre Dringlichkeit erst dann, wenn die Fixierung der Hermeneutik auf den Kanon klassischer Überlieferung aufgegeben worden ist.

Mit der pragmatischen Wende der Hermeneutik macht sich auch das Subjekt des Verstehens in unterschiedlicher Akzentuierung wieder geltend: als Subjekt der Selbstbildung, normativ herausgeforderter Kommunikationspartner, Interpret gelebter Erfahrung. Die Frage nach einem Begriff des menschlichen Selbst als Korrelat lebensweltlicher Erfahrung, der Subjektivität weder zum welterklärenden Prinzip verabsolutiert noch im Zeichen des postmodernen Pluralismus ihren Tod verkündet, bestimmt den Problemhorizont gegenwärtiger Hermeneutik. Mit besonderer Konsequenz hat sich der französische Philosoph Paul Ricœur (1913-2005) diesem Horizont unterstellt. Seinen hermeneutischen Ansatz entwickelt er in Auseinandersetzung mit der Psychoanalyse, insbesondere mit Freud, und mit dem strukturalistischen Denken.[115] In den drei Bänden des groß angelegten Werks *Temps et récit* (dt.: *Zeit und Erzählung*)[116] arbeitet Ricœur dann auf einen hermeneutischen Selbstbegriff hin, dessen Konturen die Schrift *Soi-même comme un autre* (dt.: *Das Selbst als ein Anderer*)[117] umreißt.

Ricœurs Ausgangsposition lässt sich durch die Kontrastierung der von Descartes und Nietzsche verkörperten philosophischen Positionen bestimmen: des sich selbst setzenden bzw. des gebrochenen »cogito«. Während Descartes das »Ich denke« zum sicheren Fundament aller Wirklichkeitserschließung macht, lässt Nietzsche es als eigenständige, gar frei handelnde Instanz im Wirbel subjektloser Interpretationen verschwinden. In einer Hermeneutik des Selbst, die auf den direkten Zugriff der Introspektion verzichtet, sieht Ricœur die Möglichkeit, einen erfahrungsgesättigten Begriff menschlicher Subjektivität zu gewinnen, der diese komplementären Reduktionismen vermeidet. Seine Hermeneutik nähert sich ihrem Gegenstand indirekt, durch die Umkreisung seiner artikulatorischen Formen, die, so die pragmatische Pointe, intern mit den Formen des Handelns verknüpft sind. Für einen von der alltäglichen Praxis ausgehenden Selbstbegriff lässt sich die Frage »Wer spricht?« nur in einem Zug mit der Frage »Wer handelt?« beantworten und umgekehrt.

Nach Ricœur gibt es nun eine spezifische Form symbolischer Artikulation, durch die lebensweltliche Erfahrung zeitlich organisiert wird: die Erzählung. Ihr wird auch für die Entstehung des menschlichen Selbstverhältnisses eine fundamentale Rolle zuerkannt. Die Identität des Selbst kann nach dem Scheitern der metaphysischen Vorstellung, das Ich sei eine geistige Substanz, nur noch als eine narrative bestimmt werden. Ricœurs Hermeneutik erhält ihr Profil dementsprechend aus der Konstellation der Begriffe »Verstehen«, »Selbst« und »Erzählung«. Man könnte sagen: Das Selbst versteht sich in Erzählungen, es versteht sich, sofern es sich als Teil einer kohärenten Geschichte erfahren kann, in der es verschiedene Rollen einnehmen kann, die des Autors, des Protagonisten und des Lesers oder Hörers. »Erzählen bedeutet zu sagen, wer was getan hat, wie und warum – indem man die Verknüpfung zwischen diesen Gesichtspunkten in der Zeit ausbreitet.«[118]

Heißt Verstehen, die Wirklichkeit als Korrelat spezifisch menschlicher Erfahrung sinnhaft zu interpretieren, dann ergibt sich zwangsläufig eine innere Affinität zu jenen Symbolisierungsformen, die im Unterschied zum referentiell-darstellenden Sprachgebrauch auf individuelle bzw. soziale Bedeutungen zugeschnitten sind: die von Fellmann ins Zentrum gerückten Bilder, im Hinblick auf den zeitlichen Verlauf menschlicher Existenz aber vor allem narrative Formen. Deren zentrale Leistung besteht darin, die im Laufe des Lebens geschehenden Ereignisse und Handlungen auf eine innere Einheit hin zu interpretieren, die die Kontingenz der Ereignisse als verstehbaren Bestandteil der eigenen Lebensgeschichte erfahrbar macht. Das, was einer Person zufällig zustößt, wird narrativ in einer gelingenden Lebenserzählung so mit den eigenen Intentionen und Handlungen verknüpft, dass es Teil der eigenen Identität wird. Ricœur betrachtet diesen Gedanken als eine Konkretisierung dessen, was Dilthey mit dem geschichtlich erfahrbaren Lebenszusammenhang – auf personaler Ebene mit der Lebensgeschichte – gemeint hat. Verstehen ist demnach intrinsisch narrativ, sofern dieser Zusammenhang nicht einfach ein gegebenes Faktum darstellt, sondern die Form einer Erzählung hat. Erzählungen machen das Zufällige sinnvoll oder zumindest verstehbar. Der Plot eines Krimis liefert dafür ein gutes Beispiel: Rätselhafte Vorkommnisse, hier und da auftauchende Handlungsfäden, unerklärliche Zufälle scheinen Hindernis auf Hindernis zu häufen, bis die Auflösung dadurch erfolgt, dass alles im Zusammenhang des Plots seinen guten Sinn gewinnt.

Ricœurs außerordentlich subtile Analysen zum Begriff der Erzählung und zum Verhältnis zwischen literarisch-fiktionalen und biographischen Erzählungen können hier nicht im Detail nachgezeichnet werden. Der wichtigste Unterschied, was die letztgenannte Differenz angeht, besteht offenbar darin, dass Menschen nur in einem sehr eingeschränkten Sinn die Autoren ihrer eigenen Lebensgeschichte genannt werden können. Anfang und Ende der eigenen Lebensgeschichte sind jedem Menschen narrativ entzogen – und vielleicht deshalb auch so schwer zu verstehen. Ricœur knüpft die Verstehensleistung der Lebenserzählung daher nicht an den Autor, sondern den Protagonisten: »Es ist die Identität der Geschichte, die die Identität der Figur bewirkt.«[119]

Die eigentümliche, unersetzbare Leistung des Erzählens wird noch deutlicher, wenn man mit Ricœur ihre Mittelstellung zwischen den sprachlichen Praktiken des Beschreibens und des Vorschreibens herausstellt. Die Weise, in der Personen sich selbst verstehen, könne nämlich weder deskriptiv, aus der Perspektive der dritten Person, noch präskriptiv, aus der Perspektive des normativen Anspruchs von Kommunikationsprozessen, verständlich gemacht werden, vielmehr eben nur narrativ. Es gibt kein funktionales Äquivalent für das nur erzählend zu gewinnende Selbst- und Weltverständnis. Ricœurs Hermeneutik des narrativen Selbst macht diese Einsicht sowohl gegen die analytische Konzentration auf deskriptive Zugänge als auch gegen Habermas' normative Transzendentalhermeneutik geltend.

Diese Skizzen einiger wichtiger Positionen hermeneutischen Denkens in der Gegenwart sollten deutlich werden lassen, dass ein pragmatischer Zugriff auf Verstehen und Auslegung die stilisierende Rede von *der* Hermeneutik zugunsten größerer Vielfalt der Ansätze und größerer Lebensnähe unterläuft. Davon entlastet, als totalisierende Synthese die Nachfolge der unhaltbar gewordenen Metaphysik antreten zu müssen, kann sich hermeneutisches Denken dem Eigensinn lebensweltlicher Erfahrung in ihren verschiedenen Spielarten zuwenden. Zusammenfassend seien drei Arbeitsfelder genannt, auf denen sich die problemerschließende Kraft der Hermeneutik angesichts der modernen Lebenswelt besonders deutlich zeigt: 1. der artikulatorische Charakter der humanspezifischen Wirklichkeitsbeziehung, 2. der nachmetaphysische Begriff eines verantwortlichen menschlichen Selbst und 3. die Herausforderung des Sinnverstehens durch die neuen elektronischen Medien.

1. Hermeneutisches Denken steht für die Einsicht in die unhintergehbare Interpretativität des alltäglichen Weltzugangs. Verstehen und Auslegung sind Titel für ein Realitätsverhältnis, das nur sehr unzureichend über den Begriff der Repräsentation gefasst werden kann, der die naturwissenschaftlich inspirierten Debatten beherrscht. Hermeneutisch angemessener ist hier der Begriff der Artikulation. Es würde freilich nicht weiterführen, dem vorherrschenden Zug zu einem naturwissenschaftlichen, im Repräsentationsdenken zentrierten Weltbild nun durch einen Panhermeneutizismus entgegenzusteuern, der in einer von Wissen-

schaft und Technik geprägten Welt hilflos und gezwungen wirken müsste. Vielmehr kommt es darauf an, Repräsentation und Artikulation komplementär zu fassen, ohne eins aufs andere zu reduzieren. Der Wirklichkeitsbezug, dem im System der Personalpronomina die erste und die zweite Person entsprechen, ist im Unterschied zum repräsentationalen Beobachterstandpunkt der dritten Person wesentlich artikulatorisch: Er erschließt Realität durch die Transformation gelebten Lebens in Ausdrucksgestalten, die dessen Bedeutung so weit stilisieren, konventionalisieren und fixieren, dass sie verstanden werden kann. Artikulationen bilden nicht ab, sondern halten die Mitte zwischen dem Finden und dem Erfinden; sie sind produktiv, situativ und implizieren eigene Formen der Symbolizität, deren wichtigste Bilder und Erzählungen sind. Die Ausarbeitung des Artikulationsbegriffs – im Unterschied zu einem kognitionslastigen Begriff der Repräsentation – ist eine zentrale Aufgabe hermeneutischen Denkens, das die Pluralität menschlicher Erfahrungsweisen gegen Reduktionismen aller Art zu sichern bemüht ist.[120] Hier geht es schließlich auch um die Frage, wie das spezifisch menschliche Bewusstsein zu verstehen ist: Besteht es aus mentalen Zuständen, die dann in verstehbaren Ausdrucksformen bloß abgebildet werden oder ist es wesentlich expressiv, wird also von seinen Ausdrucksakten mit geformt?

2. Die Frage danach, was ein menschliches Selbst, eine Person ausmacht, ist alles andere als akademisch. Besonders die Medizinethik sieht sich durch die Entwicklung der Genetik und der Intensivmedizin dauernd vor schwierigste Fragen gestellt, deren Beantwortung eng mit dem zugrunde gelegten Personbegriff verknüpft ist. Die moralische Bewertung des Schwangerschaftsabbruchs, der Behandlung irreversibel komatöser Patienten oder dem Neuroenhancement dienender Eingriffe etc. liefern offensichtliche Beispiele. Weil aber religiöse und metaphysische Begründun-

gen die meisten Menschen nicht mehr überzeugen und in einer pluralen Gesellschaft ohnehin nicht mehr für alle verbindlich gemacht werden können, erscheint eine vertiefende Analyse des lebensweltlichen Selbstkonzepts als dringliche Aufgabe. Die Hermeneutik ist dafür besonders geeignet, weil sie sich ohnehin als Explikation der Strukturen des alltäglichen Verstehens begreift und deshalb auch über konzeptuelle Mittel verfügt, die für die Frage nach dem Selbst fruchtbar gemacht werden können. Als Beispiel sei nur das narrative Selbstkonzept genannt, das die Identität einer Person an die Geschichten knüpft, mit denen sie als Autor, Protagonist oder Hörer verbunden sein kann. Wenn man eine solche »dichte Beschreibung« (C. Geertz) zum methodischen Ausgangspunkt wählt, ergeben sich Selbstmodelle, die zumindest eine präzisere Bestimmung unserer moralischen Alltagsintuitionen erlauben würden. Sofern es nämlich die Identität von Personen mitkonstituiert, Geschichten nicht nur als Autor zu gestalten, sondern auch als Protagonist in sie verstrickt zu sein, kann die Fähigkeit zum bewussten Empfinden nicht als einziges Identitätskriterium gelten – die narrativen Artikulationen, durch die sich beispielsweise die Angehörigen eines komatösen Patienten die Situation verständlich machen wollen, sind dann interne Bestandteile der Identität einer Person. So besteht die Hoffnung, dass hermeneutische Analysen moralischer Dilemmata dazu beitragen können, die bestehenden Handlungsalternativen in einem klareren Licht zu sehen.

3. Verstehen und Interpretieren erschöpfen sich nicht in dem immer neuen Bemühen, der Normativität der klassischen Überlieferung gerecht zu werden. Deshalb kann auch das Verstehen eminent sinnträchtiger Texte nicht zum Modell aller hermeneutischen Aktivitäten stilisiert werden. Der hermeneutische Pluralismus lässt sich von den faktisch vorfindlichen Formen des Verstehens leiten und sucht sie in ihrer Eigenart zu explizieren, was

nur möglich ist, wenn auch die Spezifik des jeweiligen symbolischen Mediums Berücksichtigung findet. Hier sieht sich hermeneutisches Denken besonders durch die neuen elektronischen Medien, sozialen Netzwerke etc. herausgefordert. Weil die kulturelle Überlieferung über Jahrhunderte fast ausschließlich ein einziges Format kannte, nämlich das Buch, sind die spezifischen Eigenschaften dieses Mediums tief in die Struktur von Verständigungsprozessen eingedrungen. Die digitalen Medien unserer Zeit kennen aber die Privilegierung des Buch- und selbst des Textformats nicht mehr; sie präsentieren Texte, Bilder und Töne gleichermaßen als Formen digitaler Information. Das Internet hat nicht nur in dieser Hinsicht eine egalisierende Wirkung, es kommt auch dank seines horizontal, über Hyperlinks geknüpften Verweisungsnetzwerks ohne Ranghierarchien aus. Die normativen Ansprüche, die Dualismen von Seriösem und Trivialem, Hohem und Niedrigem, Wertvollem und Wertlosem usw. sind charakteristische Erscheinungen der Buchkultur, in denen die Idee eines Kanons fortlebt. Die Rede von dem guten Buch, zu dem man greifen solle, war wahrscheinlich schon zu ihrer Blütezeit ein Anachronismus. Von einer in diesem normativen Sinn guten Website zu sprechen, ist aber noch problematischer; alle Versuche, hier Standards der Seriosität zu entwickeln, sind so unentbehrlich wie prekär: Sie müssen u.a. der Schnelligkeit, Leichtigkeit und Egalität gerecht werden, mit der sich Inhalte ins Netz stellen lassen. Die elektronischen Medien verändern mit unserer Kultur also auch den Begriff des Verstehens nachhaltig; sie unterlaufen normative Hierarchien, brechen das Privileg des Textes und egalisieren die Beziehung zwischen Symbolproduzenten und -rezipienten. Es ist offensichtlich, dass sie nicht als zweck- und wertneutrale Mittel des Verstehens begriffen werden können, sondern die Möglichkeiten des Ausdrucks tiefgreifend modifizieren. Hier erwachsen der Hermeneutik zahlreiche neue Aufgaben –

Aufgaben, die sie nur erfüllen kann, wenn sie Traditionalismus und Textualismus hinter sich lässt und sich medientheoretischen Überlegungen öffnet.

Zur Annäherung von Hermeneutik, analytischer Sprachphilosophie und Philosophie des Geistes

Dass Hermeneutik und Sprachphilosophie etwas miteinander zu tun haben, liegt auf der Hand: in beiden Fällen geht es darum, begreiflich zu machen, was es heißt, den Sinn sprachlicher Äußerungen zu verstehen (sieht man einmal davon ab, dass die moderne Hermeneutik auch andere Sinn-Medien einbezieht). Zwar steht im hermeneutischen Denken eher das Verstehen von Inhalten, in der Sprachphilosophie eher die grundsätzliche Frage nach der Funktionsweise der Sprache und ihrem Verhältnis zum Geist im Vordergrund, aber das ändert nichts an der gemeinsamen Ausrichtung auf symbolischen Sinn und sein Verstehen. Beide Richtungen haben damit auch eine rationalitätstheoretische Komponente: Was heißt es, einem Text und/oder seinem Autor Rationalität zuzuschreiben, und inwiefern stellt diese Zuschreibung eine Bedingung von Rationalität überhaupt dar? Ein weiterer Gesichtspunkt kommt hinzu: In der hermeneutischen Tradition geht es – in den Anfängen eher implizit, mit dem Siegeszug der Naturwissenschaften dann auch ausdrücklich – um dasjenige, was den humanspezifischen Weltzugang ausmacht. Daraus ergibt sich eine spannungsvolle Nähe zu demjenigen Bereich der (analytischen) Gegenwartsphilosophie, der sich mit den Besonderheiten jener physischen Zustände beschäftigt, die auch geistige Eigenschaften haben: der Philosophie des Geistes. Als spannungsvoll habe ich diese Nähe deshalb bezeichnet, weil im hermeneutischen Denken (zumal in der philosophischen Hermeneutik des 20. Jahrhunderts) der für uns Menschen charakteristische Weltzugang im Sinne einer Art von lebenweltlichem Apriori in den Blick gerät – Verstehen erscheint als die basale Perspektive, in die auch naturwissenschaftliches Erklären trotz seiner relativen Eigenständigkeit eingegliedert werden muss. In der *Philosophy of Mind* wird hingegen der Verstehensbegriff auf die mentalen Zustände von Artgenossen (vielleicht einschließlich vorsichtiger Erweiterungen in Richtung anderer Lebewesen[121]) sowie ihre geistigen Produkte beschränkt und die Universalisierung des Verstehens im Gefolge Heideggers ausdrücklich verworfen.

Vor diesem Hintergrund kann es nicht überraschen, dass in den letzten 15 Jahren eine Reihe von Autoren auf diese sachlichen Bezüge aufmerksam gemacht und daraus geradezu ein Programm zur systematischen Integration von Hermeneutik, Sprach- und Geistphilosophie entwickelt hat. Dabei müssen zwei sachliche Ebenen unterschieden werden: Einmal sind hier prominente Vertreter angelsächsischer Traditionen wie Donald Davidson, John McDowell und Robert Brandom zu nennen, die zwar (etwa im Fall Brandoms) teilweise bewusst auch an nichtanalytische Denkformen anknüpfen, denen eine »hermeneutische« Ausrichtung aber nicht in ihrer Selbsteinschätzung, sondern eher aus der Perspektive deutschsprachiger Autoren zukommt. Auf der zweiten Ebene gibt es explizite systematische Ansätze zu einer sprachphilosophisch/geisttheoretisch erneuerten Hermeneutik bzw. einer hermeneutisch sensibilisierten Geisttheorie. Exemplarisch werde ich hier auf Arbeiten von Oliver Scholz, Georg W. Bertram und Wolfgang Detel eingehen.

Verstehen und Rationalität, Scholz' Pionierarbeit von 1999, wendet sich ausdrücklich den gemeinsamen Grundlagen von Hermeneutik und Sprachphilosophie zu, die Scholz vor allem in bestimmten allgemeinen Interpretationsprinzipien sieht, in denen der Interpret der zu verstehenden Äußerung rationalitätstheoretische Standards unterstellt. Ohne diese Unterstellungen, die sich natürlich als kontrafaktisch erweisen können, ist Scholz zufolge sprachliche Verständigung nicht möglich. Seine Darstellung rekonstruiert daher ausführlich die Entwicklung bedeutungstheoretischer Prinzipien der Nachsicht (im Sinne von prima-facie-Rationalitätsunterstellungen) in der analytischen Philosophie von Wilson über Quine bis Davidson und Dennett, um diese dann mit Gadamers »Vorgriff der Vollkommenheit« zu verbinden, den Scholz ebenfalls als ein allgemeines Interpretationsprinzip versteht. Dieser Ansatz wird im zweiten Teil seines Buches zur Lehre von den »Hermeneutischen Präsumptionsregeln« ausgebaut. Wer verstehen will, folgt nach Scholz dabei zwangsläufig Deutungsregeln, die gleichzeitig höherstufige, implizit geltende Sprachregeln und Rationalitätsstandards darstellen. Sprachlichen Äußerungen Wahrheit, Konsistenz, Kohärenz und Rationalität (widerleglich) zu unterstellen, sei »für unsere Sprachpraxis konstitutiv«[122]. Scholz erwähnt in seiner Schrift zwar positiv Donald Davidsons Projekt eines handlungs- und bedeutungstheoretische Fragen integrierenden Ansatzes, beschränkt sich aber in der Durchführung weithin auf sprachliche Phänomene und deren rationalitätstheoretische Implikationen. Daraus resultiert ein neues Interesse für die frühneuzeitliche und die Aufklärungshermeneutik mit ihren rationalistischen Konzeptionen, wohingegen die expressivistischen, pragmatistischen und verkörperungstheoretischen Entwicklungen der Hermeneutik bis hin zu Heidegger nicht aufgenommen werden. Scholz' Ansatz zielt auf eine allgemeine Hermeneutik, die sprachanalytische Einsichten mit solchen der vorromantischen Hermeneutik zu einer Theorie des rationalen Verstehens kraft hermeneutischer Präsumptionen verbindet.

Stärker integrativ geprägt ist der Ansatz von Georg W. Bertram. Bei ihm geht es weniger um den Schulterschluss zwischen dem rationalistischen Projekt einer allgemeinen Hermeneutik und der analytischen Sprachphilosophie als darum, die Wende zum Verstehen als wichtigen Konvergenzpunkt zwischen der Universalisierung der philosophischen Hermeneutik und der »nachklassischen« Entwicklung der analytischen Sprachphilosophie herauszustellen. Herder und vor allem Heidegger werden positiv aufgegriffen: Sie stellten die Sinnlichkeit (Herder) und den praktischen Weltbezug (Heidegger) von Sprache heraus und verbänden darin Sprache und Geist, ohne in die Falle des Psychologismus zu gehen, also Geist auf psychische Vorstellungsinhalte zu reduzieren. Bertram betont besonders Heideggers Denkfigur der Gleichursprünglichkeit (hier von Geist und Sprache), die aber von der hermeneutischen Tradition im engeren Sinn nicht wirklich ausgearbeitet worden sei. An dieser Stelle erfolgt dann der Brückenschlag zum Antipsychologismus der nachklassischen analytischen Sprachphilosophie. Dieser unterscheide sich nämlich von den klassischen Positionen dadurch, dass er das Programm einer empirischen Begründung sprachlicher Bedeutung aufgegeben habe und stattdessen eine Wende zum alltäglichen Sprachgebrauch (pragmatistische Komponente) als Interpretationspraxis (hermeneutische Komponente) vollziehe.

In diesen Kontext ordnet Bertram Donald Davidsons Denkfigur der radikalen Interpretation ein. Hier geht es um eine fiktive Feldlinguistin, die sich das sprachliche Verhalten eines Stammes, dessen Sprache sie nicht kennt, verständlich machen möchte und deren Vorgehen dabei zugleich eine Erklärung sprachlicher Bedeutungen liefern soll. Der entscheidende Punkt ist nun, dass die Feldlinguistin eine sogenannte Triangulation zwischen der Welt, ihr selbst und den zu interpretierenden Sprechern vornehmen muss, um voranzukommen. Dazu muss sie auf ihre eigene Sprache zurückgreifen und Hypothesen bilden, in denen die ihr unverständlichen Äußerungen der Sprecher auf Sachverhalte in der Welt bezogen werden. Damit formuliert sie zugleich Wahrheitsbedingungen für die fraglichen Sprechakte. Um dies zu erreichen, muss sie sich aber auf das sprachliche und nichtsprachliche Handeln der Sprecher beziehen und dieses zunächst hypothetisch interpretieren, um die Interpretation dann durch das weitere Verhalten der Sprecher überprüfen zu können. Der Fokus liegt immer auf konkreten Interaktionen zwischen Sprechern und Interpreten in einer geteilten Welt, nicht auf einem unterstellten allgemeinen Sprachsystem. Diese Verschränkung von Weltbezug und Intersubjektivität im Begriff des Verstehens verleiht Davidsons Ansatz eine hermeneutische Färbung.

Die zweite für Bertram hier entscheidende Figur ist Robert Brandom, dessen Sprachdenken er vor dem Hintergrund zweier in seinen Augen von Davidson offen gelassener Fragen erläutert: Wie ist der normative Rahmen sprachlicher Bedeutungen zu verstehen? Lässt sich Verstehen wirklich überwiegend auf der Basis von Ich-Du-Interaktionen begreifen, muss man nicht vielmehr die Teilnahme an einer historisch tradierten kulturellen Praxis voraussetzen? Die komplizierte Maschinerie von Brandoms Inferentialismus und die Einzelheiten von Bertrams Deutung können hier nicht nachgezeichnet werden. Der entscheidende Punkt im Blick auf den Zusammenhang von Hermeneutik und Sprachphilosophie besteht darin, dass Brandom den Prozess des Interpretierens als eine normative »Kontoführung« (»scorekeeping«) begreift: Sprecher und Interpret sind Teil einer rationalen Praxis, in der sie den anderen jeweils gemäß den Verpflichtungen und Berechtigungen behandeln, die diese durch ihre Äußerungen und die in ihnen implizierten Schlussfolgerungen (deshalb »Inferentialismus«) eingehen bzw. erwerben. Auch Brandom gehört (wie Davidson) in den nachklassischen Denkzusammenhang einer Verbindung hermeneutischer, pragmatischer und rationalitätstheoretischer Motive. Bertram weist hierbei zu Recht darauf hin, dass in dieser Verbindung die geteilte Welt recht schmal ausfällt: sie wird als Korrelat einer Sprache verstanden, deren Zentrum Aussagesätze bilden, hat keine sinnliche und keine außersprachlich-praktische Dimension. Klassischer Pragmatismus und philosophische Hermeneutik hingegen halten diese Fragen offen, auch (oder vielleicht gerade weil) es bislang nicht gelungen ist, sie vollständig in die präzisere Sprache der analytischen Philosophie zu integrieren.

Das groß angelegte Projekt einer Neubegründung der Hermeneutik auf dem Boden der analytischen Philosophie des Geistes verfolgt Wolfgang Detel.[123] Ihm geht es darum, die Theorie des Verstehens als grundlegende Methode der Geisteswissenschaften in einer analytisch präzisierten und interdisziplinär anschlussfähigen Sprache wieder zu etablieren und damit das Humane als spezifischen Gegenstand gegen den um sich greifenden Naturalismus und Szientismus zu verteidigen. Der erste dieser beiden Begriffe scheint dabei für Detel den zweiten zu implizieren, was problematisch ist, weil es sowohl innerhalb der Geschichte der Hermeneutik (beim mittleren Dilthey) als auch vor allem im klassischen Pragmatismus (etwa bei John Dewey) naturalistische Positionen gibt, die entschieden antiszientistisch ausgerichtet sind. Mit der Ausblendung solcher Positionen geht Detel auch das bei Dilthey, Heidegger und den Pragmatisten zentrale Thema des Verstehens als Weise des In-der-Welt-seins verloren. Er möchte Verstehen als die humanspezifische, auf Artgenossen und die von ihnen produzierten geistigen Gebilde bezogene Basisaktivität begreifen, der (heideggerschen) Universalisierung des Verstehens aber entschieden entgegentreten. Es bleibt also bei einer klaren Unterscheidung von Erklären und Verstehen, die mithilfe der Unterscheidung von Repräsentation und Metarepräsentation erläutert wird. Bezugnahmen auf Naturprozesse sind einfach repräsentational, Bezugnahmen auf geistige Prozesse repräsentieren

Repräsentationen (in der klassischen Formel von August Boeckh ist dies die »Erkenntnis des Erkannten«). Detel begreift Verstehen dabei als ein »Lesen des Geistes anhand seiner expressiven Zeichen«[124]. Genauer gesagt sind die Zeichen nicht nur expressiv – was in Detels Deutung heißt, dass sie etwas über die mentalen Zustände derer verraten, die sich produziert haben –, sondern auch informativ: Sie verraten etwas über die Welt. Die Verwendung des Adjektivs »expressiv« bedeutet hier allerdings gerade nicht, dass Detel sich an die expressivistische Traditionslinie der Sprachphilosophie anschließt, bei der der Geist primär im Ausdrucksprozess selbst, nicht in ihm vorausliegenden mentalen Zuständen gesucht wird. Im Gegenteil: Gegenstand des Verstehens sind für Detel nicht Ausdrucksprozesse, sondern jene mentalen Eigenschaften, die bestimmte Gehirnzustände zu mentalen und d.h. geistigen Zuständen machen: »Funktionalität, Repräsentationalität und Bewusstsein.«[125] Dass auch die Ausdrucksanstrengung selbst ein zentrales Moment des Verstehens darstellt und die gewählten Ausdrucksgestalten auf die »mentalen Zustände« prägend zurückwirken, wird durch das zu enge Verständnis des Ausdrucks als Repräsentation an den Rand gedrängt.

Detel geht davon aus, dass sich über die Disziplingrenzen hinweg in den letzten Jahrzehnten eine moderne Theorie des Geistes herausgeschält hat, in der Verstehen in den oben genannten drei Dimensionen als eine grundlegende, evolutionär verankerte Aktivität gilt. In empirischer Hinsicht beruft er sich dabei auf die viel beachteten Arbeiten Michael Tomasellos, der besonders den frühkindlichen Spracherwerb im Vergleich mit anderen Primaten untersucht hat und in den Fähigkeiten zum Verstehen von Artgenossen und gemeinsamer Intentionalität die kulturermöglichenden humanspezifischen Leistungen erblickt. Von den oben genannten drei mentalen Eigenschaften, auf die sich Verstehen beziehen kann, sind Detel zufolge die beiden Letzteren zentral.[126]

Verstehen kann sich, als rationales Rekonstruieren, auf semantische Gehalte richten. Dann gilt es geistigen Repräsentationen. Wer in diesem Sinn versteht, kennt die guten Gründe, die für eine bestimmte Äußerung geltend gemacht werden können. Oder es kann sich, nachempfindend, auf phänomenale Zustände eines fremden Bewusstseins beziehen. In diesem Sinn bedeutet Verstehen, z.B. die eigenen Zahnschmerzen zum Verständnis fremder Zahnschmerzen zu mobilisieren.

Detel will aber nicht nur den Verstehensbegriff analytisch präzisieren, in seiner Leistungskraft wieder sichtbar machen und ihn gleichzeitig gegen Reduktionismen sichern, es geht ihm auch darum, aus der geisttheoretischen Perspektive die hermeneutischen Einsichten der Tradition neu zu würdigen. So kann er etwa zeigen, dass der Soziologe Max Weber durch seine Überlegungen zum sinnhaften sozialen Handeln erst verständlich gemacht hat, worin der genuine Bezug von Hermeneutik auf geschichtliche Zusammenhänge überhaupt besteht.[127] Seine Vorgehensweise ist im Unterschied zu derjenigen Bertrams freilich stark polarisierend statt integrativ. Den systematischen Ertrag der philosophischen Hermeneutik setzt er sehr gering an, was damit zusammenhängen dürfte, dass die Linie Herder – Humboldt – Heidegger für ihn so wenig eine Rolle spielt wie pragmatistische Positionen. Die Frage nach der Verkörperung des Geistes (über das Gehirn hinaus: *Embodiment* statt *Embrainment*) taucht bei Detel, obwohl sie auch in der Philosophie des Geistes intensiv diskutiert wird, nicht auf, so wenig wie die nach der Bedeutung des Audrucksphänomens oder nach hermeneutischen Dimensionen unseres Verhältnisses zur natürlichen Welt.

Mit der sachlichen Annäherung von Hermeneutik, Sprach- und Geistphilosophie ist zweifelsohne ein zukunftsträchtiger Bereich philosophischer Reflexion umrissen. Die Dinge sind hier noch sehr im Fluss. Phänomenlogische, hermeneutische, bewusstseinstheoretische und kognitionswissenschaftliche Einsichten treten in neue und intellektuell aufregende Konstellationen ein. Entscheidend wird es darauf ankommen, systematische Präzisierungen zu erzielen, ohne sie mit einem Verlust an Offenheit für die Vielfalt der Phänomene zu erkaufen.

Ausblick: Interdisziplinäre Perspektiven

Im Lauf ihrer langen Geschichte hat sich die hermeneutische Reflexion immer entschiedener über rein methodologische Konzeptionen hinausgedacht und Verstehensprozesse als Ausdruck eines humanspezifischen, lebensweltlichen Realitätszugangs konzeptualisiert. Mit der pragmatischen Wende der Hermeneutik wurde dann vollends deutlich, dass es hier um Interaktionszusammenhänge geht, in denen der Vorgriff des Verstehens und die Eigenstruktur des Verstandenen sich wechselseitig durchdringen. Verstehen hat demnach die Form eines Lernprozesses, der durch das an ihren Folgen erkennbare Gelingen bzw. Misslingen von Interpretationen gesteuert wird. Das im hermeneutischen Denken implizit enthaltene Rationalitätskonzept betont daher den kontextuellen, ökologischen und verkörperten Charakter von Kognitionen.

Diese Einsicht hat weitreichende Folgen für das Verhältnis von philosophischer Hermeneutik und einzelwissenschaftlicher Interpretationsarbeit. Wenn nämlich die Eigenstruktur der jeweiligen Bereiche des Verstehens in seine Horizontbildungen korrigierend eingeht, hat auch die philosophische Theorie einen internen Bezug zu den Wissenschaften, in denen das Spezifische dieser Bereiche herausgearbeitet wird. Pragmatisierte Hermeneutik ist eine genuin interdisziplinäre Angelegenheit, weil sie von vornherein damit rechnet, dass die sachbezogene Praxis des Verstehens in den verschiedensten Disziplinen das Wissen um seine Funktionen und Strukturen bereichert und vor leeren Verallgemeinerungen schützt. Tatsächlich haben sich auch in nahezu allen Bereichen der Geistes- und Kulturwissenschaften – etwa in der Pädagogik, Theologie, Jurisprudenz, den Literaturwissenschaften und der Kunstgeschichte – hermeneutische Praktiken herausgebildet, die von der Theoriereflexion der jeweiligen Disziplinen begleitet werden. Exemplarisch werde ich auf die Theorie der bildenden Künste eingehen und kontrastiv dazu auf ein Gebiet, das außerhalb der klassischen Geisteswissenschaften liegt, aber viele ihrer Fragestellungen mit naturwissenschaftlichen Mitteln neu aufgreifen möchte: die Kognitionswissenschaften.

Dass es sachlich nicht haltbar ist, Verstehensprozesse ausschließlich an die Medialität der (verschriftlichten) Sprache zu binden, ist eine Einsicht, die in den Kunstwissenschaften ohnehin selbstverständliche Geltung genießt. So können Bilder eine symbolische Prägnanz haben, ohne diskursiv gegliedert zu sein. In der Theorie der bildenden Künste spielen dementsprechend der Begriff des Bildes und, aus hermeneutischer Perspektive, die Frage des Bildverstehens eine zentrale Rolle. Positiv an Gadamer anknüpfend, hat vor allem Gottfried Boehm eine Hermeneutik des Bildes ausgearbeitet. Das Schöne, wie es sich in Bildern zeige, werde von Gadamer ausdrücklich als eigener, nicht auf Sprachliches reduzierbarer Sinnbereich anerkannt. Mit der begrifflichen Vorentscheidung, Bilder als Ausdrucksformen der »Sprache der Schönheit«[128] zu nehmen, und mit seiner ontologischen Terminologie verbleibt Boehm im Umkreis von *Wahrheit und Methode*, ohne deshalb einen ästhetischen Traditionalismus zu vertreten. Bei der Ausarbeitung dessen, was die ikonische Qualität des Bildes ausmacht, stützt er sich auf Gadamers Begriff der »ästhetischen Nichtunterscheidung«, mit dem eine Weise der Erfahrung – eben die für Kunst charakteristische – umschrieben werde,

»bei der Sachgehalt und Erscheinungsweise völlig verschmelzen«[129]. Die Bilder der Kunst[130] zeichnen sich demnach dadurch aus, dass sie, anders als die diskursive Sprache, die Differenz zwischen Zeichen und Bezeichnetem zugunsten einer einheitlichen Sinnerfahrung unterlaufen. Auch der Begriff des präsentativen Symbols bei Susanne K. Langer zielt ja in diese Richtung. Das Verstehen von Bildern der Kunst unterscheidet sich also vom Sprachverstehen mindestens dadurch, dass Form und Gehalt nicht getrennt werden können.

Auf dieser hermeneutischen Einsicht aufbauend, entwickelt Boehm eine Unterscheidung zwischen »schwachen« und »starken« Bildern, die der Tatsache Rechnung tragen soll, dass das Bildverstehen in unserer Alltagserfahrung immer stärker durch die elektronischen Medien geprägt wird. Die Eigenart der digital erzeugten Bilder, sofern sie nicht, wie in der Kunstfotografie, einem ästhetischen Gestaltungswillen unterliegen, bringt er unter das Stichwort des Abbildens: Bilder als visuelle Informationen. Dem setzt er, unverkennbar von Gadamers normativer Idee eines Kanons eminenter Sinngestalten beeinflusst, die starken Bilder entgegen. In ihnen vollziehe sich eine Interpretation der Realität, die, statt abzubilden, etwas sichtbar macht, was ohne Bild nie zugänglich geworden wäre. »Starke Bilder«, schreibt Boehm, »sind solche, die Stoffwechsel mit der Wirklichkeit betreiben. Sie bilden nicht ab, setzen aber auch nicht nur dagegen, sondern bringen eine dichte, ›nicht unterscheidbare‹ Einheit zustande.«[131] In starken Bildern kommt es zu einer intimen Wechselbeziehung zwischen Darstellung und Dargestelltem, die das in der Alltagserfahrung selbstverständliche hermeneutische »als« expliziert und damit ein neues Verstehen der Wirklichkeit ermöglicht. Boehm verdeutlicht das am Beispiel des Stilllebens, das die Dinge des Alltags ihrer eingespielten Funktionalität entrückt und sie als solche sichtbar macht.

Einen sehr viel pragmatischeren Ansatz des Bildverstehens verfolgt Oskar Bätschmann in seiner *Einführung in die kunstgeschichtliche Hermeneutik*. Bätschmann führt an einem realen Beispiel in die Problematik ein, nämlich dem Unverständnis des Hamburger Publikums angesichts der Ausstellung von Franz Marcs Bild *Der Mandrill* im Jahr 1919. Das Bild musste mit einer Glasscheibe vor den destruktiven »Interpretationsansätzen« der Besucher geschützt werden. Deren Zorn entzündete sich offenbar daran, dass sie das im Titel genannte Tier auf dem Bild selbst nicht identifizieren konnten. Die Unkenntnis des expressionistischen Stils und tieferliegend das Vorverständnis, Bilder müssten etwas abbilden, dürften dazu beigetragen haben. Anhand der Gegenüberstellung von Marcs Bild und der Abbildung eines Mandrills aus *Brehms Tierleben* zeigt Bätschmann, dass Bildverstehen zwar die Identifizierung der Bildgegenstände einschließt, aber keineswegs mit ihnen zusammenfällt. Ein Betrachter nämlich, der aufgrund seines Vorverständnisses in der Lage gewesen wäre, den Mandrill nicht nur im *Brehm*, sondern auch bei Franz Marc zu erkennen, hätte damit noch keineswegs das Bild als Kunst verstanden.

Dessen Eigensinn, so argumentiert Bätschmann, erschließe sich nur dann, wenn man, wie er mit einer Unterscheidung Max Imdahls formuliert, vom »wiedererkennenden Sehen, das die Malerei auf außerbildliche bekannte Daten bezieht«, zum »sehenden Sehen« zurückgeht, »das sich auf das einläßt, was die Malerei durch sie selbst an Sinnesdaten hervorbringt«[132]. Bilder der Kunst lassen sich nur verstehen, wenn sie weder an die Logik sprachlichen Verstehens – einen Aussagesatz verstehe ich, wenn ich weiß, wovon die Rede ist – assimiliert noch durch kunstgeschichtliches Hintergrundwissen vorschnell kategorisiert und kontextualisiert (»Ein typischer Picasso aus seiner blauen Periode«) werden. Damit ist kein Lob naiver Unmittelbarkeit gemeint, sondern jene Spezifik des Verstehens von Kunst, die in ihrer Bindung an die Erfahrungsweise der Anschauung liegt. Anschauung ist das rezeptionsästhetische Gegenstück zum produktiven Verstehen, wie es sich im Kunstwerk selbst vollzieht: »Die Zuordnung von Gegenständen und Gestalten, die formalen Angleichungen, die Relation von Gegenständen, Formen und Gestalten und das Hervorbringen der Metaphorik sind bildliche Prozesse, die allein durch die Anschauung zu erschließen sind. Sie ist der Zugang zu der spezifischen Produktivität der bildlichen Darstellung.«[133]

Die Hermeneutik des Bildes bleibt daher zwar als explizite Auslegung an sprachliches Verstehen gebunden. Aber der Übergang vom Bild zum Text ist eben nicht mit der Übersetzung von einer Sprache in die andere vergleichbar. Sofern Bildinterpretation durch real vollzogene Anschauung gesättigt ist, bewahrt sie zugleich das Bewusstsein dessen, dass bildhafter Sinn nicht durch sprachlichen Sinn abgebildet werden kann. Beim Bildverstehen, so schärft Bätschmann seinen Lesern ein, geht es um das, was die Bilder *als* Bilder zeigen, was also eben deshalb so nicht gesagt werden kann. Die Einsicht in diese kategoriale Differenz ist auch für jede philosophische Hermeneutik zentral, die die Pluralität des Verstehens ernst nimmt.

Die Hermeneutik des Bildverstehens ist ein gutes Beispiel dafür, dass sich philosophische Hermeneutik und geisteswissenschaftliche Forschung interdisziplinär ergänzen können und müssen. Wie steht es aber mit dem Dialog zwischen hermeneutischen und naturwissenschaftlich orientierten Denkformen? Auch hier gibt es interessante Ansätze, die verfestigten Dualismen von Sinnverstehen und Kausalerklärung zu unterlaufen. Von besonderem Interesse sind dabei die verschiedenen Trends innerhalb der Kognitionswissenschaften, die sich an hermeneutischen und/ oder phänomenologischen Einsichten orientieren und unter Titeln wie *Embodied*, oder *Embedded Cognition* betonen, dass geistige Phänomene nur im Zusammenhang mit dem Organismus und seinem Umweltbezug verständlich gemacht werden können.

Der Sammelbegriff »Kognitionswissenschaften« verbindet dabei interdisziplinäre Ansätze zur Erklärung des menschlichen Geistes oder allgemeiner intelligenten Verhaltens, die naturwissenschaftlich ausgerichtet sind und sich methodisch oft an die Neurowissenschaften bzw. an die Informatik anlehnen. Eine enge Verwandtschaft besteht auch zu der Künstliche-Intelligenz-Forschung (KI). Der Grundbegriff der Kognition wird in diesen Wissenschaften häufig sehr allgemein als Geistestätigkeit, als Erkennen, Wissen, etc. gefasst. Präziser ist die Rede von »intelligentem Verhalten«, das sich genauer als »Prozeß des Hervorgebrachtwerdens eines Outputs durch interne Prozesse des jeweiligen kognitiven Systems«[134] bestimmen lässt. Schon diese Definition macht den Bezug zu einer pragmatisierten Hermeneutik deutlich, für die Interpretation und Verstehen schließlich auch innerhalb des handelnden Umweltbezugs anzusiedeln sind. Die klassischen, am Computermodell orientierten Konzepte der Kognitionswissenschaft, so sehen es wenigstens die hermeneutisch orientierten Kognitionswissenschaftler, berücksichtigen freilich dieses praktische In-der-Welt-sein gerade nicht und geraten deshalb in eine Krise.

Worin besteht also dieses Standardmodell, und worauf läuft die hermeneutische Alternative hinaus? In seinem Buch *Hermeneutische Kognitionswissenschaft* charakterisiert Martin Kurthen die »orthodoxe« Kognitionstheorie durch zwei Grundannahmen, nämlich den Repräsentationalismus und den Computationsgedanken. Ersterer bestehe in der Vorstellung, dass Kognition als eine Verarbeitung symbolischer Repräsentationen begriffen werden müsse, in denen ein bestimmtes Wirklichkeitssegment zur Darstellung gelangt. Solche Repräsentationen sollen die Realität *abbilden.* (Richard Rortys Kritik am »Spiegel der Natur« hat sich gerade gegen diese Abbildtheorien des Geistes gerichtet.) Der Computationsgedanke betrifft dann die Art und Weise, in der solche Repräsentationen gehandhabt werden: als ein »regelgeleitetes Umwandeln, Verbinden und Aneinanderreihen der nach formalen Eigenschaften geordneten Repräsentationen«[135]. Beide Theoreme zusammen bestimmen den Grundansatz der »computationalistisch-repräsentationalistischen Theorie des Geistes«[136].

Gegen die so bestimmten Hintergrundannahmen des kognitionswissenschaftlichen Mainstreams richtet sich spätestens seit der Publikation des Buches *Understanding Computers and Cognition* von Terry Winograd und Fernando Flores (1986) der Widerstand hermeneutisch – genauer gesagt: überwiegend von Heideggers *Sein und Zeit* – inspirierter Kognitionswissenschaftler. Nach Kurthen sind es vor allem drei Grundvoraussetzungen der Standardtheorie, die fragwürdig geworden sind: *Realismus*, *Repräsentationalismus* und *Rationalismus.* Seine Kritik an diesen drei Annahmen, in denen er auch die Fundamente der klassischen KI sieht, lässt sich am leichtesten vor dem Hintergrund der neueren Entwicklungen in der Hermeneutik verstehen. *Realistisch* sei die Kognitionswissenschaft insofern, als sie die Realität des Erkannten und dessen Trennung von einem ihm gegenüberstehenden erkennenden System als selbstverständlich voraussetze. Diese Subjekt-Objekt-Spaltung ist es aber gerade, die in der pragmatisierten Hermeneutik zugunsten eines ursprünglichen Handlungszusammenhangs überwunden werden soll. Wenn man auch in der Kognitionswissenschaft den Dualismus von System und Umwelt fallen lässt, erscheinen kognitive Systeme als übergreifende Zusammenhänge zwischen handelnd-verstehenden Organismen und den Weltausschnitten, in die sie eingebettet sind. Der Schritt von der »normalen« KI zur AL, der Erforschung künstlichen Lebens (*artificial life*), ist entsprechend vom Gedanken des In-der-Welt-seins inspiriert: Nicht isolierte Computer, denen ein bestimmter Input eingespeist wird, sondern interaktionsfähige künstliche »Lebewesen« erscheinen dann als angemessene Modellierungen von Kognitionsprozessen.

Mit der Kritik am Realismus hängt die Kritik am *Repräsentationalismus* natürlich eng zusammen, denn der Gedanke, Kognitionen seien mentale Repräsentationen und sonst nichts, zieht seine Plausibilität ja gerade aus der Vorstellung eines die Welt interaktionsfrei beobachtenden Subjektes, das ohne Eigeninteresse – nicht verstehend, sondern darstellend – Erkenntnisse sammelt. Das hermeneutische Denken hat demgegenüber stets den transformativ-interpretativen Charakter menschlicher Symbolbildungen betont, in denen sich Realität als Korrelat von Lebensbezügen artikuliert.

Als *Rationalismus* bezeichnet Kurthen schließlich die leitende Überzeugung, reale Kognitionsprozesse seien vollständig formalisierbar, repräsentierbar und rekonstruierbar. Auch hier drängen sich hermeneutische Einwände auf, die zum einen den impliziten Horizont, zum anderen die holistische Struktur der menschlichen Weltbeziehung betreffen. Wenn Kognitionen prinzipiell vor dem Hintergrund eines sprachlich und handlungspraktisch vorerschlossenen Welthorizonts ablaufen, der gar nicht als Ganzes propositional strukturiert ist und daher niemals als solcher objektiviert werden kann, erscheint der Gedanke als illusorisch, Kognitionsprozesse könnten vollständig rational rekonstruiert werden. Dieser Gedankengang wird auch durch die Einsicht in den kognitiv-affektiv-volitionalen Holismus lebensweltlicher Erfahrung gestützt. Wenn sich im realen Mensch-Welt-Verhältnis kognitive Aspekte mit Handlungsimpulsen und affektiven Gestimmtheiten unentwirrbar durchdringen, sind der rationalen Repräsentation solcher raumzeitlich situierten Kognitionen klare Grenzen gesetzt.

Nun lassen die hier angeführten Argumente gegen die theoretischen Grundannahmen der – von ihren Kritikern so genannten – »orthodoxen Kognitionswissenschaft« eine starke und eine schwache Lesart zu. Erstere deutet sie als Ausdruck einer hermeneutischen Fundamentalkritik an der Zuständigkeit naturwissenschaftlichen Denkens im Bereich lebensweltlicher Erfahrung. In diese Richtung geht das bekannte Buch von Hubert L. Dreyfus über *Die Grenzen künstlicher Intelligenz.*[137] Diese Lesart hat ihre Berechtigung und kann sich zudem, so im Fall Heideggers, auf das Selbstverständnis der hermeneutischen Referenzautoren stützen. Möglich erscheint aber auch eine schwache Lesart, die, methodenpluralistisch gesonnen, neben den hermeneutischen Zugang zur Lebenswelt den naturwissenschaftlichen Zugang zur Kognition treten lässt und nun versucht, die hermeneutischen Einsichten für eine interne Korrektur der kognitionswissenschaftlichen Methodenreflexion nutzbar zu machen – im vollen Bewusstsein dessen, dass es sich dabei um eine produktive Umdeutung handelt. Die Grundzüge einer solchen – im schwachen Sinn hermeneutischen – Kognitionswissenschaft sind nach Kurthen in der Zurückweisung des Dualismus, dem Primat der Praxis, dem Funktionalismus und Antirationalismus zu sehen.

Gegen den Ausgangspunkt bei der Unterscheidung von Gegenstand und Subjekt der Kognition wäre dann antidualistisch die vorgängige Einheit von kognitivem System und Welt zu setzen. Vermittelt über Heideggers In-der-Welt-sein klingt hier ein kognitionswissenschaftliches Echo von Diltheys »Lebenszusammenhang« nach. Mit dem Primat des tätigen Weltumgangs vor der Repräsentation wird besonders die pragmatische Wende der Hermeneutik aufgenommen, die das Entstehen von Bedeutungen an die performative Erfahrung einer widerständigen Realität bindet. Auch der Funktionalismus akzentuiert das vorprädikative »als« der Praxis: So wie bei Heidegger die Erschlossenheit eines

Sachverhalts in seiner Zu- oder Abträglichkeit für die Weltbeziehung des Daseins fundiert ist, gründet auch die Kognition eines Systems in der Funktionalität des Erkannten für die Eigenzwecke des Systems. Schließlich verweist auch der antirationalistische Akzent auf das vorprädikative Verstehen; als Paradigma der Kognition gilt nicht die rational-betrachtende Repräsentation, sondern das holistische Erschlossensein von Handlungsmöglichkeiten.

Entsprechende Ansätze haben in den Kognitionswissenschaften seit etwa 15 Jahren außerordentlich an Bedeutung gewonnen und sind mit Einsichten aus der Phänomenologie vor allem Merleau-Pontys sowie mit einer Betonung von Verkörperung und qualitativem Erleben verbunden worden. Autoren wie Andy Clark, Shaun Gallagher oder Alva Noë[138] zeichnen das Bild eines physisch, sozial und kulturell verkörperten Geistes, dessen kognitive Prozesse in erster Linie auf das Verstehen von Handlungsmöglichkeiten gerichtet sind. Es ist nicht übertrieben, hier von einem kognitionswissenschaftlichen Paradigmenwechsel zu sprechen, der u.a. durch eine naturalistische, nicht jedoch reduktionistische Weiterführung von Einsichten der philosophischen Hermeneutik mit auf den Weg gebracht worden ist.

Anhang

Anmerkungen

1 John Dewey, Philosophie und Zivilisation (1931), Franfurt/M. 2003.
2 Vgl. Samuel P. Huntington, Der Kampf der Kulturen, München 1996.
3 »Logik« meint hier nicht im engeren Sinn die Lehre vom korrekten Schließen, sondern zielt allgemeiner auf die normative Struktur wissenschaftlicher Erkenntnis.
4 So der Titel eines Buches von: Thomas Nagel, Der Blick von Nirgendwo, Frankfurt/M. 1992, der zur Metapher für das Bemühen der (Natur-)Wissenschaften geworden ist, alle spezifisch menschlichen Perspektiven zu überwinden.
5 Wilhelm Dilthey, Ideen über eine beschreibende und zergliedernde Psychologie, in: ders., Gesammelte Schriften, Bd. V, Stuttgart/Göttingen 1957, S. 144.
6 Vgl. Wolfgang Detel, Geist und Verstehen. Historische Grundlagen einer modernen Hermeneutik, Frankfurt/M. 2011, S. 24f.
7 Georg W. Bertram, Sprachphilosophie zur Einführung, Hamburg 2011, S. 155.
8 Eigentlich müsste man genauer von *symbolischem* Sinn sprechen, um auch musikalische, bildhafte, gestische u.a. Symbolsysteme einzubeziehen. Weil Sprache aber das Medium ist, mit dessen Hilfe wir uns auch noch über die Reichweite nichtsprachlichen Sinns verständigen, hat es sich eingebürgert, verkürzt nur von sprachlichem Sinn zu sprechen.
9 Vgl. den Titel des Klassikers der verstehenden Soziologie von: Alfred Schütz, Der sinnhafte Aufbau der sozialen Welt, Wien 1932.
10 Wilhelm Dilthey, Der Aufbau der geschichtlichen Welt in den Geisteswissenschaften, in: ders., Gesammelte Schriften, Bd. VII, Göttingen 1958, S. 148.
11 Seit C.P. Snows berühmtem Vortrag von 1959 über die »zwei Kulturen« hat es sich eingebürgert, das konfliktreiche Verhältnis zwischen

natur- und geisteswissenschaftlichen Wirklichkeitszugängen als Nebeneinander zweier Kulturen zu deuten.

12 Vgl. etwa Evan Thompson, Mind in Life. Biology, Phenomenology, and the Sciences of Mind, Cambridge/Mass. 2007.

13 Vgl. etwa Alva Noë, Out of Our Heads. Why You Are not Your Brain and Other Lessons from Biology of Consciousness, New York 2009.

14 Vgl. Franz-Josef Wetz, Lebenswelt und Weltall. Hermeneutik der unabweislichen Fragen, Pfullingen 1994.

15 Vgl. dazu beispielsweise den Sammelband: Methodischer Kulturalismus. Zwischen Naturalismus und Postmoderne, hg. von Dirk Hartmann/Peter Janich, Frankfurt/M. 1996, S. 14: Naturalismus wird dort als die *»programmatisch folgenreiche These«* bezeichnet, »daß *alles Geschehen* einschließlich menschlichen Handelns unter historischen Bedingungen ein *Naturgeschehen* sei. Als Forschungsaufgabe fordert das naturalistische Programm, alle Phänomene (ungeachtet möglicher Unterscheidungen von Natur und Kultur) letztlich naturwissenschaftlich zu beschreiben und zu erklären.« Der Kulturalismus ist im Unterschied dazu eine Position, die auch noch die Naturwissenschaft als Resultat kultureller Praktiken und im Horizont sozial erzeugten Sinns beschreibt. Plakativ vereinfacht könnte man mit Bezug auf den Sinnbegriff sagen: Während der Naturalismus auch das Sinnhafte sinnfrei erklären möchte, versucht der Kulturalismus sich darin, auch das Sinnfreie sinnhaft verständlich zu machen.

16 Vgl. den Sammelband: Hermeneutik und Naturalismus, hg. von Bernulf Kanitschneider/Franz-Josef Wetz, Tübingen 1998.

17 Vgl. Gottfried Gabriel, Logik und Rhetorik der Erkenntnis. Zum Verhältnis von wissenschaftlicher und ästhetischer Weltauffassung, Paderborn 1997.

18 Am prominentesten wird die Eigenständigkeit sinnverstehenden Denkens gegenüber der Naturwissenschaft gegenwärtig in der Soziobiologie bestritten. Besonders emphatisch tritt beispielsweise Edward O. Wilson (Die Einheit des Wissens, Berlin 1998) für eine einheitlich naturalistische Weltsicht, die auch Kulturphänomene umfaßt, ein.

19 Vgl. August Boeckh, Encyklopädie und Methodologie der philologischen Wissenschaften (1877), Darmstadt 1966. Zu Boeckhs »Grundformel« vgl.: Frithjof Rodi, Erkenntnis des Erkannten. Zur Hermeneutik des 19. und 20. Jahrhunderts, Frankfurt/M. 1990, S. 70-88.

20 Wilhelm Dilthey, Der Aufbau der geschichtlichen Welt in den Geisteswissenschaften, a.a.O., S. 225.

21 Herbert Schnädelbach, Morbus hermeneuticus – Thesen über eine philosophische Krankheit, in: ders., Vernunft und Geschichte, Frankfurt/M. 1987, S. 279-284.

22 Wilhelm Dilthey, Einleitung in die Geisteswissenschaften, in: ders., Gesammelte Schriften, Bd. I, Stuttgart/Göttingen 1959, S. 394.

23 Genau genommen liegen die Dinge allerdings auch hier komplizierter, wie die Wissenschaftstheorie seit Thomas Kuhns Buch mit dem Titel *Die Struktur wissenschaftlicher Revolutionen* (1962, dt. Frankfurt/M. 1972) gelernt hat. Kuhn nutzt dort den Begriff des Paradigmenwechsels zur Historisierung der Naturwissenschaften.

24 Vgl. Oliver Scholz, Verstehen und Rationalität. Untersuchungen zu den Grundlagen von Hermeneutik und Sprachphilosophie, Frankfurt/M. 1999, Teil I B.

25 Besonders deutlich ist das Fragment 11 des Xenophanes: »Alles haben Homer und Hesiod den Göttern angedichtet, was nur immer bei den Menschen Schimpf und Schande ist: Stehlen, Ehebrechen und sich gegenseitig betrügen.«

26 Oliver Scholz, Verstehen und Rationalität, a.a.O., S. 18.

27 Martin Heidegger, Ontologie (Hermeneutik der Faktizität), in: ders., Gesamtausgabe, Bd. 63, Frankfurt/M. 1988.

28 Jean Grondin, Einführung in die philosophische Hermeneutik, Darmstadt 1991, S. X.

29 Die klassische Stelle hierfür findet sich bei: Wilhelm Dilthey, Leben Schleiermachers, in: ders., Gesammelte Schriften, Bd. XIV, 1. Halbband, Göttingen 1985, S. 598.

30 Das Folgende ist eine Zusammenfassung eines zugänglichen Flacius-Textes, des Abdrucks der deutschen Ausgabe von *De ratione cognoscendi sacras literas* (1567) in: Hans-Georg Gadamer/Gottfried Boehm (Hg.), Seminar: Philosophische Hermeneutik, Frankfurt/M. 1979, S. 43-52.

31 Ebenda, S. 46.

32 Paracelsus, Sieben Definitionen, zit. nach: Hans Blumenberg, Die Lesbarkeit der Welt, Frankfurt/M. 1986, S. 69. Blumenbergs Buch zielt insgesamt auf eine Geschichte menschlicher Wirklichkeitsauffassungen im Spiegel der Metapher von der »Lesbarkeit der Welt«.

33 Das Folgende orientiert sich überwiegend an: Oliver Scholz, Verstehen und Rationalität, a.a.O., S. 36 ff. Zuerst an die Bedeutung Dannhauers erinnert hat: H.-E. Hasso Jaeger, Studien zur Frühgeschichte der Hermeneutik, in: Archiv für Begriffsgeschichte 18 (1974), S. 35-84. Ausführlich dann: Reimund Sdzuj, Historische Studien zur Interpretationsmethodologie der frühen Neuzeit, Würzburg 1997.

34 Zit. nach der Übersetzung von: Oliver Scholz, Verstehen und Rationalität, a.a.O., S. 38.

35 Ebenda, S. 39.

36 Johann Martin Chladenius, Einleitung zur richtigen Auslegung vernünftiger Reden und Schriften, zit. nach dem Abdruck in: Hans-Georg Gadamer/Gottfried Boehm (Hg.), Seminar: Philosophische Hermeneutik, Frankfurt/M. 1979, S. 71.

37 Ebenda, S. 72.

38 Ebenda.

39 Zit. nach: Axel Bühler (Hg.), Unzeitgemäße Hermeneutik. Verstehen und Interpretation im Denken der Aufklärung, Frankfurt/M. 1994, S. 1.

40 Dieser Text liegt in einer sorgfältigen und leicht zugänglichen Neuedition vor, die auch eine kenntnisreiche, ausführliche Einleitung enthält: Georg Friedrich Meier, Versuch einer allgemeinen Auslegungskunst, hg. von Axel Bühler/Luigi Cataldi Madonna, Hamburg 1996. Im Folgenden werden Zitate aus diesem Buch im Text durch das Kürzel VaA, gefolgt von der Seitenzahl, belegt.

41 Vgl. Oliver Scholz, Die allgemeine Hermeneutik bei Georg Friedrich Meier, in: Axel Bühler (Hg.), Unzeitgemäße Hermeneutik, a.a.O., S. 186 f.

42 August Hermann Francke, Werke in Auswahl, hg. von Erhard Peschke, Berlin 1969, S. 232.

43 Peter Szondi, Einführung in die literarische Hermeneutik, Frankfurt/M. 1975, S. 139.

44 Vgl. ebenda, S. 143.

45 Friedrich Ast, Grundlinien der Grammatik, Hermeneutik und Kritik, zit. nach dem Teilabdruck bei: Hans-Georg Gadamer/Gottfried Boehm (Hg.), Seminar: Philosophische Hermeneutik, a.a.O., S. 112 f.

46 Ebenda, S. 117.

47 Ebenda, S. 115.

48 Ebenda, S. 120.

49 Friedrich Schlegel, Über das Studium der griechischen Poesie, in: ders., Schriften zur Literatur, hg. von Wolfdietrich Rasch, München 1972, S. 89.
50 Ders., Athenäums-Fragmente, in: ders., Schriften zur Literatur, a.a.O., S. 42.
51 Friedrich Schleiermacher, Hermeneutik, hg. von Heinz Kimmerle, 2. Aufl., Heidelberg 1974, S. 82. Im folgenden werden Zitate aus diesem Buch durch das Kürzel Her, gefolgt von der Seitenzahl, belegt.
52 In frühen Texten spricht Schleiermacher auch von der »technischen« Interpretation. Diese Bezeichnung ist nicht ganz glücklich gewählt und hat für viel Verwirrung gesorgt, weshalb ich es vorziehe, immer von »psychologischer« Interpretation zu sprechen.
53 Wilhelm von Humboldt, Über die Verschiedenheit des menschlichen Sprachbaues und ihren Einfluß auf die geistige Entwicklung des Menschengeschlechts, hg. von Donatella Di Cesare, Paderborn u.a. 1998, S. 180.
54 August Boeckh, Encyklopädie und Methodologie der philologischen Wissenschaften, Leipzig 1877, S. 10.
55 Johann Gustav Droysen, Historik, hg. von Peter Leyh, Stuttgart-Bad Cannstatt 1977, S. 4.
56 Ebenda, S. 163.
57 Ebenda, S. 114.
58 Wilhelm Dilthey, Die Entstehung der Hermeneutik, in: ders., Gesammelte Schriften, Bd. V, Stuttgart/Göttingen 1957, S. 320.
59 Ders., Einleitung in die Geisteswissenschaften, a.a.O., S. XVII f.
60 Ders., Erläuterungen zur »Einleitung ...« v. 1882 (Althoff-Brief), in: ders., Gesammelte Schriften, Bd. XIX, hg. von Helmut Johach/Frithjof Rodi, Göttingen 1982, S. 390.
61 Vgl. S. 20 ff.
62 Wilhelm Dilthey, Erläuterungen zur »Einleitung ...«, a.a.O., S. 390.
63 Ders., Leben und Erkennen (1892/93), in: ders., Gesammelte Schriften, Bd. XIX, a.a.O., S. 345.
64 Ders., Der Aufbau der geschichtlichen Welt in den Geisteswissenschaften, a.a.O., S. 256.
65 George Herbert Mead, Geist, Identität und Gesellschaft, Frankfurt/M. 1973, S. 166.
66 Wilhelm Dilthey, Leben und Erkennen, a.a.O., S. 344.

67 Vgl. S. 75.
68 Wilhelm Dilthey, Beiträge zur Lösung der Frage vom Ursprung unseres Glaubens an die Realität der Außenwelt, in: ders., Gesammelte Schriften, Bd. V, Stuttgart/Göttingen 1957, S. 96.
69 Ders., Gesammelte Schriften, Bd. X, Stuttgart 1958, S. 13. Unter den Hörern dieser Vorlesung befand sich auch George Herbert Mead.
70 Ders., Leben und Erkennen, a.a.O., S. 377.
71 Ders., Beiträge zur Lösung, a.a.O., S. 115.
72 Ders., Die Entstehung der Hermeneutik, a.a.O., S. 318.
73 Ebenda.
74 Ebenda, S. 319. Das im vorigen Absatz angeführte Zitat belegt allerdings, dass Dilthey auch den Vollzug des alltäglichen Verstehens als »Interpretation« bezeichnen kann.
75 Ebenda.
76 Ebenda, S. 320.
77 Ders., Der Aufbau der geschichtlichen Welt in den Geisteswissenschaften, a.a.O., S. 86 f.
78 Ebenda, S. 214.
79 Ebenda, S. 194 f.
80 Ebenda, S. 207.
81 Ebenda, S. 147 f.
82 Georg Misch, Der Aufbau der Logik auf dem Boden der Philosophie des Lebens. Göttinger Vorlesungen über Logik und Einleitung in die Theorie des Wissens, hg. von Gudrun Kühne-Bertram/Frithjof Rodi, Freiburg/München 1994, S. 72, 261, 263, 355.
83 Wilhelm Dilthey, Der Aufbau der geschichtlichen Welt in den Geisteswissenschaften, a.a.O., S. 291.
84 Ebenda, S. 290.
85 Martin Heidegger, Phänomenologie des religiösen Lebens (Frühe Freiburger Vorlesungen), in: ders., Gesamtausgabe, Bd. 60, Frankfurt/M. 1995, S. 8.
86 Ders., Grundprobleme der Phänomenologie (Frühe Freiburger Vorlesungen), in: ders., Gesamtausgabe, Bd. 58, Frankfurt/M. 1993, S. 257.
87 Ders., Phänomenologie der Anschauung und des Ausdrucks (Frühe Freiburger Vorlesungen), in: ders., Gesamtausgabe, Bd. 59, Frankfurt/M. 1993, S. 18.
88 Ders., Grundprobleme der Phänomenologie, a.a.O., S. 258.

89 Ders., Phänomenologie der Anschauung und des Ausdrucks, a.a.O., S. 169.

90 Ebenda, S. 62.

91 Heideggers Ansatz erinnert in seiner Struktur deutlich an die bekannte Konzeption Harry Frankfurts, die den Begriff einer Person an die Fähigkeit zu »Willensakten zweiter Stufe« bindet. Vgl. Harry Frankfurt, Willensfreiheit und der Begriff der Person, in: Peter Bieri (Hg.), Analytische Philosophie des Geistes, Bodenheim 1993, S. 287-302.

92 Martin Heidegger, Sein und Zeit (1927), 15. Aufl., Tübingen 1979. Zitate aus diesem Buch werden im Folgenden im Text durch das Kürzel SZ, gefolgt von der Seitenzahl, belegt.

93 Fast zeitgleich hat auch Ludwig Wittgenstein auf die Phänomene des »Sehen als« bzw. des »Aspektsehens« hingewiesen. Vgl. die Belege bei: Thomas Jantschek, »Sehen als«, in: Historisches Wörterbuch der Philosophie, Bd. 9, Basel 1995, Sp. 162-165.

94 Hier beziehe ich den § 69 b) von *Sein und Zeit* mit ein, in dem Heidegger eine hermeneutische Deutung der Entstehung von Wissenschaft entwickelt.

95 Jürgen Habermas, Philosophisch-politische Profile, Frankfurt/M. 1987, S. 393.

96 Hans-Georg Gadamer, Selbstdarstellung, in: ders., Gesammelte Werke 2, Tübingen 1986, S. 504.

97 Ders., Wahrheit und Methode (1960), 4. Aufl., Tübingen 1975. Zitate aus diesem Buch werden im Folgenden im Text durch das Kürzel WM, gefolgt von der Seitenzahl, belegt.

98 Vgl. Karl-Otto Apel u.a. (Hg.), Hermeneutik und Ideologiekritik, Frankfurt/M. 1971. Eine ausführliche Darstellung nicht nur dieser Diskussion, sondern des gadamerschen Denkens insgesamt bietet: Udo Tietz, Hans-Georg Gadamer zur Einführung, Hamburg 1999. Habermas' eigene hermeneutische Position erläutere ich unten, S. 137-141.

99 Vgl. Jürgen Habermas, Zur Logik der Sozialwissenschaften, 5. Aufl., Frankfurt/M. 1982, S. 271-305, 331-366.

100 Vgl. S. 50, 53 f.

101 Hans-Georg Gadamer, Replik zu »Hermeneutik und Ideologiekritik«, in: ders., Gesammelte Werke 2, a.a.O., S. 273.

102 Richard Rorty, Der Spiegel der Natur. Eine Kritik der Philosophie, Frankfurt/M. 1981, S. 421.

103 Ebenda, S. 343.
104 Ebenda, S. 389.
105 Ebenda, S. 390.
106 Ebenda, S. 389.
107 Vgl. Karl-Otto Apel, Transformation der Philosophie, Bd. II, Frankfurt/M. 1973. Aus Platzgründen gehe ich hier explizit nur auf die Position von Habermas ein. Da Habermas sich in den dabei zugrunde gelegten Texten auch mit Apel auseinandersetzt, sind dessen Argumente dennoch präsent.
108 Vgl. Jürgen Habermas, Zur Logik der Sozialwissenschaften, Frankfurt/M. 1970; ders., Theorie des kommunikativen Handelns, Bd. 1, Frankfurt/M. 1981, S. 188-196; ders., Hermeneutische und analytische Philosophie, in: ders., Wahrheit und Rechtfertigung, Frankfurt/M. 1999, S. 65-101.
109 Ders., Hermeneutische und analytische Philosophie, a.a.O., S. 93.
110 Ders., Der philosophische Diskurs der Moderne, Frankfurt/M. 1985.
111 Ders., Hermeneutische und analytische Philosophie, a.a.O., S. 78.
112 Ferdinand Fellmann, Symbolischer Pragmatismus. Hermeneutik nach Dilthey, Reinbek 1991, S. 14.
113 Ebenda, S. 51.
114 Ebenda, S. 62.
115 Vgl. Paul Ricœur, De l'interprétation. Essai sur Freud, Paris 1965 (dt.: Die Interpretation. Ein Versuch über Freud, Frankfurt/M. 1969); ders., Le conflit des interprétations. Essais d'herméneutique, Paris 1969 (dt.: Hermeneutik und Strukturalismus. Der Konflikt der Interpretationen I, München 1973; ders., Hermeneutik und Psychoanalyse. Der Konflikt der Interpretationen II, München 1974).
116 Vgl. ders., Temps et récit, 3 Bde., Paris 1983-85 (dt.: Zeit und Erzählung, 3 Bde., München 1988-91).
117 Vgl. ders., Soi-même comme un autre, Paris 1990 (dt.: Das Selbst als ein Anderer, München 1996).
118 Ders., Das Selbst als ein Anderer, a.a.O., S. 181.
119 Ebenda, S. 182.
120 Vgl. dazu vom Vf.: Der bewusste Ausdruck. Anthropologie der Artikulation, Berlin 2009.
121 Vgl. Dominik Perler/Markus Wild (Hg.), Der Geist der Tiere, Frankfurt/M. 2005.

122 Oliver Scholz, Verstehen und Rationalität, a.a.O., S. 192.

123 Der erste Band »Geist und Verstehen« ist 2011 erschienen, der zweite unter dem Titel »Kognition und Interpretation. Systematische Grundlagen einer modernen Hermeneutik« in Vorbereitung.

124 Wolfgang Detel, Geist und Verstehen, a.a.O., S. 42.

125 Wolfgang Detel, Geist und Verstehen, a.a.O., S. 31.

126 Wolfgang Detel, Geist und Verstehen, a.a.O., S. 336.

127 Wolfgang Detel, Geist und Verstehen, a.a.O., Kap. 3.3.

128 Gottfried Boehm, Zuwachs an Sein. Hermeneutische Reflexion und bildende Kunst, in: Hans-Georg Gadamer (Hg.), Die Moderne und die Grenze der Vergegenständlichung, München 1996, S. 97. Zu Boehm vgl. auch den Beitrag: Zu einer Hermeneutik des Bildes, in: Hans-Georg Gadamer/Gottfried Boehm (Hg.), Seminar: Die Hermeneutik und die Wissenschaften, a.a.O., S. 444-471.

129 Gottfried Boehm, Zuwachs an Sein, a.a.O., S. 97.

130 Für Boehms Bildhermeneutik sind die Bilder der Kunst »kanonisch«. Zur Problematik dieses Vorgehens vgl.: Lambert Wiesing, Bilder im Geiste und an der Wand, in: Philosophische Rundschau 46, 1999, S. 61-64.

131 Gottfried Boehm, Zuwachs an Sein, a.a.O., S. 106.

132 Oskar Bätschmann, Einführung in die kunstgeschichtliche Hermeneutik, 4. Aufl., Darmstadt 1992, S. 27.

133 Ebenda, S. 129.

134 Martin Kurthen, Hermeneutische Kognitionswissenschaft. Die Krise der Orthodoxie, Bonn 1992, S. 24.

135 Ebenda, S. 29.

136 Ebenda, S. 30.

137 Vgl. Hubert L. Dreyfus, Die Grenzen künstlicher Intelligenz, Königstein/Ts. 1985.

138 Vgl. Andy Clark, Being There. Putting Brain, Body and World Together Again, Cambridge/London 1997; Shaun Gallagher, How the Body Shapes the Mind, Oxford 2005; Alva Noë, Out of Our Heads. Why You Are not Your Brain and Other Lessons from Biology of Consciousness, New York 2009.

Literaturhinweise

Apel, Karl-Otto, Transformation der Philosophie, Bd. II, Frankfurt/M. 1973.

Ders. u.a. (Hg.), Hermeneutik und Ideologiekritik, Frankfurt/M. 1971.

Albert, Hans, Kritik der reinen Hermeneutik: Der Antirealismus und das Problem des Verstehens, Tübingen 2021.

Ast, Friedrich, Grundlinien der Grammatik, Hermeneutik und Kritik, Landshut 1808.

Bätschmann, Oskar, Einführung in die kunstgeschichtliche Hermeneutik, 4. Aufl., Darmstadt 1992.

Bertram, Georg W., Sprachphilosophie zur Einführung, Hamburg 2011.

Ders., Die Freiheit des Verstehens: Hermeneutik und kritische Theorie, Frankfurt/M. 2023.

Blumenberg, Hans, Die Lesbarkeit der Welt, Frankfurt/M. 1986.

Boeckh, August, Encyklopädie und Methodologie der philologischen Wissenschaften (Leipzig 1877), Darmstadt 1966.

Boehm, Gottfried, Zuwachs an Sein. Hermeneutische Reflexionen und bildende Kunst, in: Gadamer, Hans-Georg (Hg.), Die Moderne und die Grenze der Vergegenständlichung, München 1996.

Ders., Zu einer Hermeneutik des Bildes, in: Gadamer, Hans-Georg/ Boehm, Gottfried (Hg.), Seminar: Die Hermeneutik und die Wissenschaften, Frankfurt/M. 1978.

Bühler, Axel (Hg.), Unzeitgemäße Hermeneutik. Verstehen und Interpretation im Denken der Aufklärung, Frankfurt/M. 1994.

Chladenius, Johann Martin, Einleitung zur richtigen Auslegung vernünftiger Reden und Schriften (Leipzig 1742), mit einer Einleitung von Lutz Geldsetzer, Düsseldorf 1969.

Clark, Andy, Being There. Putting Brain, Body and World Together Again, Cambridge/London 1997.

Dalferth, Ingolf U., Die Kunst des Verstehens: Grundzüge einer Hermeneutik der Kommunikation durch Texte, Tübingen 2018.

Danner, Helmut, Hermeneutik: Zugänge, Perspektiven, Positionen. Darmstadt 2021.

Detel, Wolfgang, Geist und Verstehen. Historische Grundlagen einer modernen Hermeneutik, Frankfurt/M. 2011.

Ders., Kognition, Parsen und rationale Erklärung: Elemente einer allgemeinen Hermeneutik, Frankfurt/M. 2014.

Dewey, John, The Reflex Arc Concept in Psychology, in: ders., The Early Works 1895-1898, Bd. 5, Carbondale 1972, S. 96-109.

Dewey, John, Philosophie und Zivilisation (1931), Frankfurt/M. 2003.

Dilthey, Wilhelm, Leben Schleiermachers, in: ders., Gesammelte Schriften, Bd. XIII-XIV, 3. Aufl., Göttingen 1979.

Ders., Einleitung in die Geisteswissenschaften, in: ders., Gesammelte Schriften, Bd. I, Stuttgart/Göttingen 1959.

Ders., Erläuterungen zur »Einleitung ...« von 1882 (Althoff-Brief), in: ders., Gesammelte Schriften, Bd. XIX, hg. von Johach, Helmut/Rodi, Frithjof, Göttingen 1969.

Ders., Leben und Erkennen (1892/93), in: ders., Gesammelte Schriften, Bd. XIX, hg. von Johach, Helmut/Rodi, Frithjof, Göttingen 1982.

Ders., Ideen über eine beschreibende und zergliedernde Psychologie, in: ders., Gesammelte Schriften, Bd. V, Stuttgart/Göttingen 1957.

Ders., Beiträge zur Lösung der Frage vom Ursprung unseres Glaubens an die Realität der Außenwelt, in: ders., Gesammelte Schriften, Bd. V, Stuttgart/Göttingen 1957.

Ders., System der Ethik, in: ders., Gesammelte Schriften, Bd. X, Stuttgart 1958.

Ders., Die Entstehung der Hermeneutik, in: ders., Gesammelte Schriften, Bd. V, Stuttgart/Göttingen 1957.

Ders., Der Aufbau der geschichtlichen Welt in den Geisteswissenschaften, in: ders., Gesammelte Schriften, Bd. VII, Göttingen 1958.

Dreyfus, Hubert L., Die Grenzen künstlicher Intelligenz, Königstein/Ts. 1985.

Droysen, Johann G., Historik, hg. von Leyh, Peter, Stuttgart-Bad Cannstatt 1977.

Fellmann, Ferdinand, Symbolischer Pragmatismus. Hermeneutik nach Dilthey, Reinbek 1991.

Ficara, Elena, Texte zur Hermeneutik: Von Platon bis heute, Ditzingen 2015.

Francke, August Hermann, Werke in Auswahl, hg. von Peschke, Erhard, Berlin 1969.
Frankfurt, Harry, Willensfreiheit und der Begriff der Person, in: Bieri, Peter (Hg.), Analytische Philosophie des Geistes, Bodenheim 1993.
Gabriel, Gottfried, Logik und Rhetorik der Erkenntnis. Zum Verhältnis von wissenschaftlicher und ästhetischer Weltauffassung, Paderborn 1997.
Gadamer, Hans-Georg, Selbstdarstellung, in: ders., Gesammelte Werke 2, Tübingen 1986 (TB-Ausgabe 1999).
Ders., Replik zu Hermeneutik und Ideologiekritik, in: ders., Gesammelte Werke 2, Tübingen 1986.
Ders., Wahrheit und Methode (1960), 4. Aufl., Tübingen 1975.
Ders./Boehm, Gottfried (Hg.), Seminar: Philosophische Hermeneutik, Frankfurt/M. 1979.
Gallagher, Shaun, How the Body Shapes the Mind, Oxford 2005.
Gessmann, Martin, Zur Zukunft der Hermeneutik, Paderborn 2012.
Grondin, Jean, Einführung in die philosophische Hermeneutik, Darmstadt 1991.
Habermas, Jürgen, Hermeneutische und analytische Philosophie, in: ders., Wahrheit und Rechtfertigung, Frankfurt/M. 1999.
Ders., Philosophisch-politische Profile, Frankfurt/M. 1987.
Ders., Der philosophische Diskurs der Moderne, Frankfurt/M. 1985.
Ders., Zur Logik der Sozialwissenschaften, 5. Aufl., Frankfurt/M. 1982.
Ders., Theorie des kommunikativen Handelns, Bd. 1, Frankfurt/M. 1981.
Hartmann, Dirk/Janich, Peter (Hg.), Methodischer Kulturalismus. Zwischen Naturalismus und Postmoderne, Frankfurt/M. 1996.
Heidegger, Martin, Phänomenologie des religiösen Lebens (Frühe Freiburger Vorlesungen), in: ders., Gesamtausgabe, Bd. 60, Frankfurt/M. 1995.
Ders., Grundprobleme der Phänomenologie (Frühe Freiburger Vorlesungen), in: ders., Gesamtausgabe, Bd. 58, Frankfurt/M. 1993.
Ders., Phänomenologie der Anschauung und des Ausdrucks (Frühe Freiburger Vorlesungen), in: ders., Gesamtausgabe, Bd. 59, Frankfurt/M. 1993.
Ders., Ontologie (Hermeneutik der Faktizität) (Frühe Freiburger Vorlesungen), in: ders., Gesamtausgabe, Bd. 63, Frankfurt/M. 1988.
Ders., Sein und Zeit (1927), 15. Aufl., Tübingen 1979.

Humboldt, Wilhelm von, Über die Verschiedenheit des menschlichen Sprachbaus und ihren Einfluß auf die geistige Entwicklung des Menschengeschlechts, hg. von Di Cesare, Donatella, Paderborn u.a. 1998.

Ders., Gesammelte Schriften in 17 Bänden, Bd. VII, hg. von Leitzmann, Albert, u.a., Berlin 1967.

Huntington, Samuel P., Der Kampf der Kulturen, München 1996.

Irrgang, Bernhard, Hermeneutische Ethik: Pragmatisch-ethische Orientierung in technologischen Gesellschaften, Darmstadt 2012.

Jaeger, H.-E. Hasso, Studien zur Frühgeschichte der Hermeneutik, in: Archiv für Begriffsgeschichte 18, 1974, S. 35-84.

Jung, Matthias, Der bewusste Ausdruck. Anthropologie der Artikulation, Berlin 2009.

Kablitz, Andreas/Markschies, Christoph/Strohschneider, Peter (Hg.), Hermeneutik unter Verdacht, Berlin 2021.

Kanitschneider, Bernulf/Wetz, Franz-Josef (Hg.), Hermeneutik und Naturalismus, Tübingen 1998.

Körtner, Ulrich H.J./Tietz, Christiane (Hg.), Ethik in der Hermeneutik – Hermeneutik in der Ethik, Leiden 2022.

Kuhn, Thomas, Die Struktur wissenschaftlicher Revolutionen, Frankfurt/M. 1972.

Kurthen, Martin, Hermeneutische Kognitionswissenschaft. Die Krise der Orthodoxie, Bonn 1992.

Mauz, Andreas/Tietz, Christiane, Verstehen und Interpretieren: Zum Basisvokabular von Hermeneutik und Interpretationstheorie, Leiden 2020.

Mead, George Herbert, Geist, Identität und Gesellschaft, Frankfurt/M. 1973.

Meier, Georg Friedrich, Versuch einer allgemeinen Auslegungskunst, hg. von Bühler, Axel/Cataldi Madonna, Luigi, Hamburg 1996.

Misch, Georg, Der Aufbau der Logik auf dem Boden der Philosophie des Lebens. Göttinger Vorlesungen über Logik und Einleitung in die Theorie des Wissens, hg. von Kühne-Bertram, Gudrun/Rodi, Frithjof, Freiburg/München 1994.

Nagel, Thomas, Der Blick von Nirgendwo, Frankfurt/M. 1992.

Noë, Alva, Out of Our Heads, Why You Are Not Your Brain and Other Lessons from the Biology of Consciousness, New York 2009.

Niu, Wenjun, Hermeneutik gegen Methode?, Probleme und Perspektiven, Würzburg 2015.

Perler, Dominik/Wild, Markus (Hg.), Der Geist der Tiere, Frankfurt/M. 2005.

Ricœur, Paul, Das Selbst als ein Anderer, München 1996.

Ders., Zeit und Erzählung, 3 Bde., München 1988-91.

Ders., Hermeneutik und Strukturalismus. Der Konflikt der Interpretationen I, München 1973; Hermeneutik und Psychoanalyse. Der Konflikt der Interpretationen II, München 1974.

Ders., Die Interpretation. Ein Versuch über Freud, Frankfurt/M. 1969.

Rodi, Frithjof, Erkenntnis des Erkannten. Zur Hermeneutik des 19. und 20. Jahrhunderts, Frankfurt/M. 1990.

Rorty, Richard, Der Spiegel der Natur. Eine Kritik der Philosophie, Frankfurt/M. 1981.

Schlegel, Friedrich, Über das Studium der griechischen Poesie, in: ders., Schriften zur Literatur, hg. von Rasch, Wolfdietrich, München 1972.

Ders., Athenäums-Fragmente, in: ders., Schriften zur Literatur, hg. von Rasch, Wolfdietrich, München 1972.

Schleiermacher, Friedrich, Hermeneutik, hg. von Kimmerle, Heinz, 2. Aufl., Heidelberg 1974.

Schnädelbach, Herbert, Morbus hermeneuticus – Thesen über eine philosophische Krankheit, in: ders., Vernunft und Geschichte, Frankfurt/M. 1987.

Scholz, Oliver, Verstehen und Rationalität. Untersuchungen zu den Grundlagen von Hermeneutik und Sprachphilosophie, Frankfurt/M. 1999.

Schütz, Alfred, Der sinnhafte Aufbau der sozialen Welt, Wien 1932.

Sdzuj, Reimund, Historische Studien zur Interpretationsmethodologie der frühen Neuzeit, Würzburg 1997.

Szondi, Peter, Einführung in die literarische Hermeneutik, Frankfurt/M. 1975.

Tietz, Udo, Hans-Georg Gadamer zur Einführung, 2. Aufl., Hamburg 2000.

Thompson, Evan, Mind in Life. Biology, Phenomenology, and the Sciences of Mind, Cambridge/Mass. 2007.

Wetz, Franz-Josef, Lebenswelt und Weltall. Hermeneutik der unabweislichen Fragen, Pfullingen 1994.

Wiesing, Lambert, Bilder im Geiste und an der Wand, in: Philosophische Rundschau 46, 1999, S. 61-64.

Wilson, Edward O., Die Einheit des Wissens, Berlin 1998.

Matthias Jung, geb. 1960, Studium der katholischen Theologie und Philosophie in Frankfurt/Main. 1989 philosophische Promotion, 1997 Habilitation. Lehr- und Forschungstätigkeit in Frankfurt/Main, Chemnitz, Jena, Erfurt, Berlin, Bochum, St. Louis und Atlanta. Seit 2010 Lehrstuhlinhaber für Moral- und Rechtsphilosophie an der Universität Koblenz-Landau. Arbeitsschwerpunkte: Hermeneutik, Pragmatismus und Kognitionswissenschaft; Menschenrechte und anthropologische Grundlagen der Ethik; philosophische Anthropologie. Buchveröffentlichungen u.a.: Dilthey zur Einführung (1996), Erfahrung und Religion (1999), Der bewusste Ausdruck. Anthropologie der Artikulation (2009).